哲学基础

修订版

《哲学基础》编写组 编写

苏州大学出版社

图书在版编目(CIP)数据

哲学基础/田雷主编;《哲学基础》编写组编写. —修订本. —苏州:苏州大学出版社,2013.4(2022.12重印)
五年制高职德育系列教材
ISBN 978-7-5672-0488-1

Ⅰ. ①哲… Ⅱ. ①田… ②哲… Ⅲ. ①哲学—高等职业教育—教材 Ⅳ. ①B

中国版本图书馆 CIP 数据核字(2013)第 067489 号

哲学基础(修订版)

《哲学基础》编写组 编写

责任编辑 周 敏

苏州大学出版社出版发行
(地址:苏州市十梓街1号 邮编:215006)
常州市武进第三印刷有限公司印装
(地址:常州市武进区湟里镇村前街 邮编:213154)

开本 787 mm×1 092 mm 1/16 印张 10.25 字数 254 千
2013 年 4 月第 1 版 2022 年 12 月第 18 次印刷
ISBN 978-7-5672-0488-1 定价:32.00

苏州大学版图书若有印装错误,本社负责调换
苏州大学出版社营销部 电话:0512-67481020
苏州大学出版社网址 http://www.sudapress.com

五年制高职德育系列教材编委会

主　任　张建初　耿曙生

编　委　（以姓氏笔画为序）

　　　　王　蔚　田　雷　朱坤泉　许曙青

　　　　李国宝　邹　燕　张以清　陈兴昌

　　　　邵　健　庞清秀　曾　天　路柏林

《哲学基础》编写组

主　　编　田　雷
副 主 编　彭年敏　路柏林　程云蕾　沙　刚
编写人员　曾海娟　谢小岚　陶玉芳　林慧平
　　　　　陈书洋　彭年敏　田　雷　路柏林
　　　　　陈旭昌

编写修订说明

五年制高等职业教育是我国高等教育的一种特殊形式,其特殊性主要表现在:一是生源为初中毕业生,学生入学年龄小,在校时间长,身心成长的跨度大、可塑性强,处于未成年人向成年人转型的关键时期;二是培养目标定位于大专层次的高等职业技术应用型人才。五年制高职教育的这种特殊性,既对传统的学校德育教育提出了挑战,也为德育课程的改革和创新提供了机遇。

由于五年制高职办学时间不长,加之德育课程建设有其自身的规律,因此相对于各专业课程教材的改革而言,五年制高职德育教材建设比较滞后,各院校基本上还是沿用中等职业学校的德育教材或选用普通高校的"两课"教材,造成教学内容或是简单重复,或是难以消化,德育效果受到不同程度的影响。鉴于目前各院校对改革德育课程教材的急迫需求,我们在反复调研论证的基础上,组织有关高职院校的专家和学科带头人编写了这套五年制高等职业教育德育课系列教材。

编写该系列教材的指导思想是:以邓小平理论、"三个代表"重要思想、科学发展观和习近平新时代中国特色社会主义思想为指导,认真落实党的十九大精神,深入贯彻《中共中央国务院关于进一步加强和改进未成年人思想道德建设的若干意见》《关于进一步加强和改进大学生思想政治教育的意见》《中共中央国务院关于深化教育改革全面推进素质教育的决定》,教育学生拥护中国共产党的领导,坚持党的基本路线,掌握马克思主义、毛泽东思想和邓小平理论的基本原理,具有爱国主义、集体主义、社会主义思想和良好的思想品德,努力使自己成为德、智、体、美各方面全面发展,适应新世纪我国生产建设和管理服务第一线需要的高素质应用型人才。

教材的编写力求体现以下特色:一是适当调整教材理论的难度深度,不强调学科知识的系统性,体现基础性和够用为度的原则,并注意与初中阶段相关知识的衔接,简明扼要,重点突出,使学生听得懂,好消化;二是贴近学生、贴近生活、贴近职业需求,体现应用性要求,无论是内容的阐述、资料的选择,还是体例的编排、栏目的设计,都致力于提升学生应对和解决实际问题的能力,使之在体验性学习中学有所得,学以致用;三是适应这一阶段学生认知发展的特殊性,教材从内容到形式注意丰富多样,有的在每章开头设有学习提示,简要告知本章主要内容和意义、学习目标和教学方法;有的则在正文中按需设置了多个栏目,或是启发思考,或是解疑答难,或是延伸拓展;每章结尾都安排了思考练习或探究活动,使学习过程生动活泼,富有成效。为方便教学,我们还组织编写了与教材配套使用的学习指导与训练。

教材自2008年出版后,我们通过多种渠道和方式听取使用学校意见,并结合近年来我国经济、政治和社会生活发展变化的实际,于2012年启动了全面修订工作,力求使教材内容更加贴近教学需要。2018年,我们组织作者再次对教材做了修订。

五年制高职德育教材建设是一项带有探索性的工作,受到多方面条件的制约。尽管我们做了很大努力,但难免存在这样或那样的问题和不足。祈请不吝指正,以便我们在以后的修订中不断完善。

五年制高职德育系列教材编委会

前 言

随着我国社会经济的飞速发展,职业教育进入了"黄金发展期"。五年制高职作为高等职业教育的一种形式也有了迅猛发展。它的优势和特点主要表现在学生可塑性强,有效教学时间长,能整体设计和统筹安排学生的知识、能力和素质培养以及技能训练,为职业意识和职业能力的牢固养成创造了良好的条件,真正实现中等、高等职业教育的有机贯通。因此,近几年来我省在五年制高职教育课程结构模块化、课程内容综合化和现代化等方面,做了有益的探索,取得了较为显著的成绩。但是,教育目标的中职定位、传统学科型课程模式等方面的不良影响依然存在,难以彰显五年制高职教育的独有特色。

2005年下半年省教育厅印发了《江苏省职业教育课程改革行动计划》,吹响了全面推进职业教育课程改革的洪亮号角。其中明确指出:要"依据中共中央、国务院和教育部关于德育工作的要求,加强德育课程建设。职业学校要发挥德育课在德育工作中的主渠道、主阵地作用,加强经济与政治基础、哲学基础、法律基础、职业道德与就业创业指导等必修课程建设,把树立正确的理想信念、弘扬和培育民族精神作为德育课极为重要的任务,把爱国主义教育、革命传统教育、中华传统美德教育和民主法制教育有机统一于课程之中;同时,要整合诚信教育、心理健康教育、生态伦理和环保教育、社交礼仪教育、性教育和艾滋病防治教育等内容,进一步完善职业教育德育课程体系"。因此,五年制高职德育课程改革应该在中等、高等职业学校德育课程设置的基础上进行整体设计和统筹安排,形成富有自身特色的模块化课程体系。在这一精神的指导下,我们编写了本教材。

马克思主义哲学是建设中国特色社会主义最重要的理论基础和思想武器,也是党的十九大进一步强调的社会主义核心价值体系建设的重要内容。五年制高职德育课程担负着教育和引导学生树立中国特色社会主义的理想信念,使他们成为有理想、有道德、有文化、有纪律的,德、智、体、美全面发展的中国特色社会主义事业建设者和接班人的光荣使命。对学生开展辩证唯物主义和历史唯物主义基本常识的教育,是事关学生能否树立正确的人生观和世界观的不可或缺的重要内容。

本书紧密联系当前社会生活现实,深入浅出地全面介绍了马克思主义哲学的本体论、辩证法、认识论、历史观和人生观等方面的基本内容。以"贴近学生、贴近社会、贴近现实"为原则,注重理论联系实际,着力培养分析和解决实际问题的能力,帮助学生掌握马克思主义的科学世界观和方法论。在教材内容的表达上,注重通俗易懂、浅显明了。同时通过选用大量丰富生动、新鲜感人的事例,实现以例说理;通过各种体验探究活动的安排,启发学生思考,激发他们学习的主动性和积极性。本书编排体例新颖、图文并茂,具有较强的可读性和时代感。

本书既适用于五年制高职德育课程教学,也可供各类中等职业教育德育课程选用,同时也可作为各类德育教学教育工作者使用和参考。在本书的编写过程中参考了大量的文献资料和许多专家学者的研究成果,但由于教材行文特点,未能一一注明出处,在此谨表谢意。

本书由田雷任主编,彭年敏、路柏林、程云蕾、沙刚任副主编。参加编写的有:曾海娟(无锡机电高等职业技术学校)、谢小岚(苏州旅游财经高等职业技术学校)、陶玉芳(常州建设高等职业技术学校)、林慧平(南京铁道职业技术学院苏州校区)、陈书洋(南京铁道职业技术学院苏州校区)、彭年敏(南京工程高等职业技术学校)。

目 录

绪 论 /1

第一章 坚持一切从实际出发 /8
　　第一节　世界的客观性 ……………………………………………………（8）
　　第二节　意识的能动作用 …………………………………………………（14）
　　第三节　一切从实际出发 …………………………………………………（19）

第二章 学会全面辩证地看问题 /33
　　第一节　事物是普遍联系的 ………………………………………………（33）
　　第二节　事物是变化发展的 ………………………………………………（39）
　　第三节　事物发展的根本原因 ……………………………………………（48）

第三章 掌握科学认识事物的方法 /59
　　第一节　认识与实践 ………………………………………………………（59）
　　第二节　现象与本质 ………………………………………………………（69）
　　第三节　科学的思维方法 …………………………………………………（78）

第四章 了解社会发展的基本规律 /91
　　第一节　社会存在与社会意识 ……………………………………………（91）
　　第二节　社会发展的基本规律 ……………………………………………（102）

第五章 树立正确的人生价值观 /119
　　第一节　人的本质与人生价值 ……………………………………………（119）
　　第二节　树立正确的人生价值观 …………………………………………（125）

第六章 追求人生理想的实现 /135
　　第一节　理想及其作用 ……………………………………………………（135）
　　第二节　为实现人生理想而奋斗 …………………………………………（140）

绪　论

一次,李某去拜会一位事业上颇有成就的朋友,闲聊中谈起了命运。李某问道:"这个世界到底有没有命运?"朋友说:"当然有啊。"于是李某再问:"那命运究竟是怎么回事?既然命中注定,那么奋斗又有什么用?"

朋友没有直接回答他的问题,却笑着抓起他的左手说,不妨先看看手相,算算命。于是给李某讲了一番生命线、事业线诸如此类的话,然后突然对李某说:"把手伸好,照我的样子做一个动作。"动作就是,举起左手,慢慢地而且越来越紧地握起拳头。末了,朋友问李某:"握紧了没有?"李某迷惑地答道:"握紧啦!"朋友又问:"那些命运线在哪里?"李某机械地回答道:"在我的手里呀。"朋友接着追问:"请问,命运在哪里?"李某如当头棒喝,恍然大悟,其实命运就在自己的手中!

不同的人对待同一件事情会有不同的看法,而这种看法又常常影响人的行动。在生活中之所以有的人成功,有的人失败,很大程度上是由于他们抱着不同的看法来对待生活。其中,最根本的看法就是世界观。没有学习过哲学的人,他们的世界观是自发的、不系统的。要具有科学的世界观,必须学习马克思主义哲学。

一、哲学和马克思主义哲学

哲学是一门古老的学问,古希腊时期的自然派哲学家被认为是最早的哲学家。哲学作为一种特殊的思维方式,具有高度的概括性和抽象性,是人们对外部世界的认识和实践活动的概括与总结。

在古代,中国、印度、希腊都产生了朴素的唯物主义和朴素的辩证法。到中世纪的欧洲,经院哲学占统治地位,哲学成为"神学的婢女"。17—18世纪,形而上学唯物主义在英、法等国蓬勃发展;到19世纪初,德国古典哲学中相继出现了黑格尔的唯心辩证法和费尔巴哈的形而上学唯物主义。19世纪40年代,马克思、恩格斯创立了马克思主义哲学——辩证唯物主义和历史唯物主义,这是哲学史上的伟大革命。

1. 哲学是系统化、理论化的世界观

世界观是人们关于自然、社会和人类思维在内的整个世界的总的看法和根本观点。我们每个人都具有这样或那样的世界观,但这种自发的、零乱的世界观是不能称为哲学的。因为,自发形成的世界观是不自觉的认识,缺乏理论的系统性、思维的缜密性和逻辑的严密性。而哲学则是哲学家们对人们自发形成的世界观自觉地以理论的形式加以概括的结果,因此,哲学是系统化、理论化的世界观。

哲学所思考的问题和具体科学是不同的。它总是思考带有普遍性、根本性的问题,而不是仅仅思考某个具体问题。比如,同样是对水的认识,化学家研究水分子结构是一个氧原子、两个氢原子;物理学家研究水加热到摄氏100度如何变成水蒸气,这些都是具体科学所关心的知识性问题。而当孔子站在泗水边,面对河水发出了"逝者如斯夫"的感叹,由眼前的水流不息联想到大自然的生生不息和运动不止;老子却得到了"天下莫柔弱于水,而攻坚强者莫之能胜"的认识,阐述了柔能克刚的道理。孔子、老子论及的这些问题就是哲学所思考的问题了。

哲理故事

苏格拉底、柏拉图、亚里士多德是古希腊最有名的三大哲学家,他们有师承关系。苏格拉底出身于雅典一个普通公民的家庭。他早年继承父业,从事雕刻石像的工作,后来研究哲学。他在雅典和当时的许多智者辩论哲学问题,主要是关于伦理道德以及教育政治方面的问题。他被认为是当时最有智慧的人。柏拉图20岁时被苏格拉底的智慧所吸引,放弃了对文学创作的爱好,把诗稿付之一炬,拜苏格拉底为师,专心致志地学习哲学。这时,苏格拉底已经是年逾六旬的老人了。柏拉图追随老师,不离其左右,在苏格拉底身边整整度过了8年,其目的就是要想弄明白"神是什么""世界又是什么""什么是善""什么又是勇敢"等在常人眼中十分奇怪而又说不清楚的问题。其实,这些问题,现在看来就是对世界的总的看法和根本的观点,也就是世界观的问题。

因此,哲学是一种对宇宙整体的、宏观的、本质的认识。例如,世界的本原是什么?人们的思维从哪里来?事物为什么发生变化?事物是如何变化的?人们为什么能够感知和认识事物?等等。哲学家康德曾说:哲学不是一种现成的知识,而是永不停息的思维活动。马克思主义则认为,哲学是关于世界观的学说,它和自然科学、社会科学一起构成了人类知识体系的大厦。

2. 哲学是方法论

既然哲学是人们对世界的总的看法,那么,人们在认识世界和改造世界的过程中,就会自觉地运用它来指导自己的行动。因此,哲学既是世界观,同时又是方法论。方法论就是世界观的具体运用,是我们处理人与自然、人与社会、人与人相互关系的根本原则、根本方法。作为方法论,哲学为我们提供了思考问题的方法,帮助我们正确地思维,提高我们的思维水平;同时,也为我们正确处理问题指明方向。

哲理故事

我国著名的地质学家李四光认为"哲学是灵魂"。李四光是我国著名的地质科学家,他创建的地质力学,第一次把运动、辩证法带进了地质学。早在1948年,李四光在英国时就反复阅读了《自然辩证法》和《反杜林论》。1950年回国后,他又精读了这些原著和毛泽东的哲学著作,并自觉地把这些学习成果运用到地质研究工作中去。他通过研究地质现象的内在联系,分析研究了一些地质现象中的力学关系,用模拟方法做实验,透过表面现象发现了地质构造的几种类型,构建起了自己的地质力学理论。20世纪50年代以前,一些外国地质学家认为我国是贫油国,说"中国永远不能生产石油";而李四光不同意这种观点,他全面分析了我国的地质条件,指出新华夏主要凹陷带,对储存石油有较好的条件,东北平原、渤海湾和两湖地区可以进行勘探。正是在这一理论的指导下,我国先后找到并开发出了包括大庆油田在内的许多大油田,摘掉了"中国贫油"的帽子,为社会主义建设做出了巨大贡献。我们可以说,没有科学的哲学理论做指导,就不会有李四光的地质力学理论;没有李四光的地质力学理论,就不会有中国石油工业的发展。"哲学是灵魂"为实践又一次所证明。

哲学为具体科学提供世界观和方法论的指导。科学家的研究活动都是自觉或不自觉地在某种世界观的指导下进行的,缺乏正确的世界观和方法论的指导,科学家就会在自己的研究活动中失去正确的方向,甚至陷入混乱和失败的境地。因此,任何轻视哲学、否认哲学对具体科学的指导作用的看法,都是错误的、有害的。

3. 马克思主义哲学是时代精神的精华

马克思认为,"任何真正的哲学都是自己时代的精神上的精华"。所谓"时代的精神上的精华",在马克思看来,就是哲学要代表自己的时代和自己所处时代的人民,使人民最精致、最珍贵和看不见的精髓都集中在哲学思想里。也就是说,哲学问题是时代的产物,哲学问题具有明显的时代特征。哲学离不开自己的时代,哲学是时代精神的反映,每一个真正的哲学问题所把握的都是自己所处时代脉搏的一次跳动;每一个真正的哲学问题所演奏的都是自己所处时代的一段最强的音符。

马克思主义哲学是关于自然、社会和思维发展一般规律的科学。它批判地继承了哲学史上唯物主义和辩证法的优良传统,创立了辩证唯物主义和历史唯物主义的理论体系。马克思主义哲学是人类先进思想成果的结晶,其直接的理论来源则是德国的古典哲学。

资料卡片

德国古典哲学是近代哲学发展的最高形式,在黑格尔的体系中达到了顶峰。黑格尔是辩证法思想的集大成者。他的最大功绩就是系统阐发了辩证法这一最高的思维形式,把整个自然的、历史的和精神的世界描写为一个过程,描写为处在不断的运动、变化、转变和发展中,并企图揭示这种运动和发展的内在联系。马克思、恩格斯批判地吸收了黑格尔哲学辩证法思想的"合理内核",抛弃了它的唯心主义;批判地吸收了费尔巴哈哲学唯物主义的"基本内核",抛弃了它的形而上学,并根据新的实践经验和科学材料,对它们进行革命的改造和发展,从而把辩证法和唯物论有机地结合起来,把唯物辩证的自然观与历史观统一起来,创立了崭新的马克思主义哲学。

马克思主义哲学的产生是哲学史上的革命。首先,从内容来看,马克思主义哲学在科学实践观的基础上,把唯物论和辩证法统一起来,把唯物主义自然观和唯物主义历史观统一起来,建立起彻底而完备的唯物主义哲学理论体系。其次,从研究对象来看,马克思主义哲学是关于自然、社会和人类思维发展普遍规律的科学,它结束了包罗万象的旧哲学的统治,正确地解决了哲学和各门具体科学的关系。再次,从社会作用来看,马克思主义哲学是以实践为基础的科学性和革命性相统一的无产阶级哲学,是无产阶级认识世界和改造世界的思想武器。

 资料卡片

1818年5月5日,马克思诞生于德国莱茵省特利尔城。马克思从小勤奋好学,善于独立思考。中学时代,他受到法国启蒙思想的影响,已有为人类谋幸福的崇高理想。1835年10月,他进波恩大学攻读法学,一年后转入柏林大学法律系。在大学里,他除了研究法学外,还研究历史、哲学和艺术理论。1837年起,马克思开始认真钻研黑格尔哲学。1841年获哲学博士学位。

1843年秋,马克思迁居巴黎。在富有革命传统的法国,他积极参加法国工人的集会,了解法国工人阶级的斗争状况,同法国工人运动的领袖和正义者同盟的领导成员建立了密切联系。巴黎的斗争生活促使了他向科学共产主义的转变。1844年8月,恩格斯从英国来到巴黎,拜访了马克思。这是一次历史性会见。从此,他们开始了前无古人的伟大合作。

1845年1月,马克思被法国政府驱逐出境,2月到了布鲁塞尔。他开始批判费尔巴哈唯物主义的局限性,写了《关于费尔巴哈的提纲》,指出实践是检验人的思维的真理性的标准。接着,他又同恩格斯合写了《德意志意识形态》。这部著作第一次系统地阐明了唯物主义历史观。书中科学地论证了物质资料的生产是社会存在和发展的基础,社会存在决定社会意识,生产关系必须适合生产力的发展等一系列基本原理。唯物史观是恩格斯肯定的马克思的两个最伟大的发现之一。

1847年11月,马克思出席了共产主义者同盟第二次代表大会,并受大会委托与恩格斯共同起草同盟的纲领。这就是1848年2月正式发表的科学共产主义的纲领性文件——《共产党宣言》。马克思在19世纪50年代和60年代最伟大的功绩是构建了马克思主义经济学理论体系,完成了《资本论》的写作。70年代,马克思写了《哥达纲领批判》,深刻地阐明了科学社会主义的基本原理。

反动政府的迫害,贫困的物质生活,繁重的理论工作和紧张的战斗,严重损害了马克思的健康。他晚年常被病痛折磨。1883年3月14日,马克思那颗伟大的心脏停止了跳动。

二、如何学习马克思主义哲学

马克思主义哲学是在批判地继承了人类优秀文明成果,总结人民群众实践经验的基础上产生的。它孕育于实践的沃土之中,有着开放的体系和与时俱进的品格。今天,马克思主义哲学仍是我国建设中国特色社会主义的精神动力,是指引我们行动的伟大旗帜。

1. 提高学习哲学的自觉性

马克思主义哲学能指导我们如何做人,如何做事,如何处理自己与周围世界的关系。学习和掌握马克思主义哲学,是时代的要求,也是当代中国青年自身发展的要求。

首先,学习马克思主义哲学有助于树立科学的世界观和方法论。学习马克思主义哲

学,掌握唯物主义的基本观点,学会辩证地看问题,理解人类认识产生和发展的过程,明晰社会发展的客观规律,将极大地提高我们认识世界、理解事物的水平和能力。有了这样一种能力,我们对于世界、对于人生会有更深一层的思考。

其次,学习马克思主义哲学有助于我们正确理解当前的社会现象。马克思主义哲学是建设中国特色社会主义的思想基础,是我们党制定路线、方针、政策等的理论指导,是建设中国特色社会主义伟大实践的行动指南。因此,无论是提高贯彻执行党的路线、方针、政策的自觉性,还是提高正确认识社会、适应社会的能力,都必须学习和掌握马克思主义哲学。

资料卡片

马克思主义的伟大力量,就在于它是同各个国家的具体实践相联系的;对于中国共产党人来说,就是要学会把马克思主义理论运用于中国的具体环境。因此,必须使马克思主义中国化,立足中国国情,按照中国的特点去运用马克思主义。

马克思主义中国化,就是把马克思主义基本原理同中国具体实际相结合,走自己的路,坚持和发展马克思主义。中国共产党90多年来领导革命、建设和改革的历史,就是不断推进马克思主义中国化的历史。

我们党在马克思主义中国化的历程中,形成了毛泽东思想和包括邓小平理论、"三个代表"重要思想、科学发展观和习近平新时代中国特色社会主义思想在内的中国特色社会主义理论体系。这些理论成果的相继形成,不仅标志着马克思主义中国化的不断发展,而且指导中国社会发生了翻天覆地的变化。

再次,学习马克思主义哲学有助于我们实现人生价值。人生观是世界观的一个方面,科学的人生观是马克思主义哲学的重要组成部分。社会主义、共产主义人生观就是在马克思主义哲学指导下形成和发展起来的。人生的价值和意义在于对社会所尽的责任和所做的贡献。努力为人民服务,无私地把自己的一切智慧和力量贡献给社会主义和共产主义事业,是人生最大的价值和意义。弘扬爱国主义、集体主义和社会主义精神,是当前我国社会主义精神文明建设的主旋律,是正确实现人生价值的思想前提,也是马克思主义的科学人生观不可或缺的内容。因此,学习和掌握马克思主义哲学对我们树立和坚定社会主义、共产主义人生观,提高建设社会主义精神文明的自觉性,抵制拜金主义、享乐主义、极端个人主义等腐朽思想有着巨大的作用。

2. 培养哲学思维的习惯

"哲学"一词源于希腊文,英文是"philosophy",由"philo"和"sophia"两个字根构成,前者意思是"爱",后者意思是"智慧",连在一起就是"爱智慧"。在古希腊,哲学作为一门学问,成为人们热爱智慧的探索活动。古希腊哲学家赫拉克利特曾说过,"博学并不能使人智慧"。而哲学却能够把知识升华为智慧,给人的思想以启迪。哲学能为我们提供方法论的指导,指导我们如何去面对世界,面对生活。

资料卡片

在汉语中,"哲"的意思是"知也、智也"。哲学就是智慧之学的意思。中国古代把聪明智慧、见识超常的人称为"哲士";把贤明的人称为"哲子";把明达而富有才能的大臣称为"哲匠";把足智多谋的人称为"哲夫";把精深敏捷的思虑称为"哲思";等等。19世纪日本最早的西方哲学传播者西周首次用汉字"哲学"表示源于古希腊、古罗马的西方哲学学说。中国晚清学者黄遵宪、康有为等将这一名称介绍到中国之后,中国哲学界逐渐开始用它来表述中外古今的哲学学说。

因此,在学习哲学的过程中,我们不仅要知道哲学的一些概念和原理,更要理解它们之间的关系和意义。也就是说,不仅要"知其然",而且要"知其所以然"。哲学虽然不是具体的科学知识,但它是一种高尚的"思想体操",能够训练我们的思想,提高我们的思想水平,使我们的思想充满活力、永远年轻。而且,哲学本身就意味着一种思想方法,会提高我们独立、自由、科学思考的能力,有了这样一种能力,我们才能正确认识事物。学习哲学的目的之一就是要培养我们的哲学思维的习惯,遇事要多思考,从不同的角度思考,从事物的本质层面思考,保持一种不断"追问"的习惯。

哲理故事

康德是德国哲学家。他一辈子都住在德国一个叫哥尼斯堡的小镇上,生活很有规律。每天下午只要他穿着灰色大衣,拿着手杖外出散步,当地的居民就知道时间准是三点半了。他说,他著作中的许多思想都得自于每天散步的那条小路。那条小路至今仍被人们称为"哲学小路"。康德讲授哲学,他向学生们反复强调:你们跟我学不到什么哲学,而只能学哲学思考。"自己思维,自己探索,用自己的脚站着",这就是他对学生们提出的忠告。

3. 注重理论联系实际

所有的哲学问题都是从实践中提炼出来的,问题的答案也只有在实践中去探寻。学习哲学就是学习如何思考和实践。要让哲学真正走进自己的世界,就必须在实践中思考哲学问题,这样哲学才能改变人的生活。因此,理论联系实际是学好哲学的基本要求,要善于把学到的哲学原理、哲学知识自觉地运用到自己的学习、生活和工作中;同时,又要善于运用哲学思维思考生活中遇到的问题。只有这样,哲学才发挥了其根本的价值,即认识和改造世界的强大思想武器。

哲理故事

自毛泽东领导工农红军开辟农村革命根据地,探索出"工农武装割据"的革命道路之后,党和红军内部不少人仍然对革命前途表示出悲观情绪。到了1929年年底,这种情绪依然在党和军队内弥漫。时任红四军第一纵队司令员的林彪在一部分人当中散发了一份对红军前途究竟如何估计的征求意见信。1930年1月5日,毛泽东写信给予答复,批评了林彪以及党内一些同志对时局估量的悲观思想。在信中,毛泽东指出:"这里用得着中国的一句老话:'星星之火,可以燎原。'这就是说,现在虽只有一点小小的力量,但是它的发展会是很快的。它在中国的环境里不仅是具备了发展的可能性,简直是具备了发展的必然性。"

由此,"星星之火,可以燎原"就成了中国革命力量由小到大、由弱到强,最终取得彻底胜利的代表性表述。这个事例实际上说明了毛泽东非常善于运用哲学思维认识事物,使自己具有非同一般的洞察力和对事物未来的预见性。

孔子曾说:"不愤不启,不悱不发。"愤,就是苦思冥想而不得其解;悱,就是一肚子话不知道如何表达。只有在你"愤"和"悱"的时候,老师才能通过"启"和"发",帮助同学们进入哲学的世界,引导大家在哲学的世界中畅游。哲学无处不在。只有坚持对生活中的现象和问题的不懈探索,把学习与思考中的心得实践于我们新的生活,才能真正体现学习哲学的价值和意义。

第一章　坚持一切从实际出发

"遂古之初,谁传道之？上下未形,何由考之？……圜则九重,孰营度之？……女歧无合,夫焉九子？"屈原的《天问》已成千古绝唱,他对世界的追问代表了人们的心声。世界从哪里来？本质是什么？人类能否认识世界？人只能听从命运的安排,还是可以做世界的主人？为回答这些问题,人类孜孜以求,上下探索。马克思主义的物质观科学地揭示出,世界是物质的世界,物质是运动的,运动是有规律的。人能够能动地认识世界和改造世界。意识是高度发展的物质——人脑的机能,是人脑对客观世界的反映。物质决定意识,意识对物质有能动作用,发挥主观能动性必须尊重客观规律。所以,世界的真正的统一性在于它的物质性,明确一切从实际出发、实事求是是马克思主义哲学的根本要求。

第一节　世界的客观性

《圣经·旧约·创世纪》上说,上帝第一天造出了白天和黑夜,第二天造出了空气和水,第三天造出了各种各样的植物,第四天造出了日月星辰,第五天造出了水中的各种动物,第六天造出了地上的各种生物和人。天地万物都造齐了,第七天就被定为休息日。天地万物是上帝创造的吗？马克思主义的物质观科学地揭示了上帝创世说是背离客观实际的,世界是客观存在的物质世界。

一、世界的构成及其特性

放眼周围的世界,存在着千姿百态的事物和现象。有微观世界的基本粒子,也有宏观世界的各种天体；有生命的东西,也有无生命的东西；有人们直接看得见摸得着的,也有人们不能直接看得见摸得着的；有长时间稳定存在的,也有转瞬即逝的；有物质现象,也有精神现象。在这些千差万别、复杂多样的事物和现象中,有没有共同的本质？如果有,这种共同的本质是什么？马克思主义哲学对这个问题做了正确的回答:整个世界的本质是物质,而精神不过是物质的产物。

1. 自然界是物质的

自然界中的事物是按照自身所固有的规律形成和发展的,都有自己的起源和发展史,它们都是统一的物质世界的组成部分。宇宙间根本不存在什么上帝,当然也不会有上帝和诸神创造世界的活动。

自然概念的含义十分广泛,人们可以从不同角度、不同层次上界定自然概念,规定自然概念的内容。概括起来,自然概念有以下三种层次不同的含义。

第一层次,作为一切存在物总和的物质的自然。这是最广义的自然概念,是宇宙间一切存在物的总和,它相当于物质概念,既包括人自身的自然,又包括人身外的自然;既包括纯自然,又包括人化自然;既包括无机物,又包括有机物;既包括自然现象,又包括社会现象;既包括宏观物体,又包括微观粒子。总之,大到星球,小到基本粒子,都属于自然现象,自然界就是各种物体相互联系的总体。

第二层次,作为人类赖以生存的地理环境的自然。人类是从自然界的长期发展中分化出来的。人类产生以后,自然概念就获得了一个新的具体内容,即作为与人类相对应的概念,指人类生存和发展所依赖的地理环境。

第三层次,作为人类活动要素的自然。劳动过程有三个基本要素,即劳动者、劳动资料和劳动对象。劳动者从生理上说,也是有血有肉的自然物质;各种劳动资料都是用自然物加工而成的;劳动对象有的是天然的自然物,有的是经过劳动加工的自然物。因此,在对自然概念的理解上,不能满足于把自然作为人类活动的外部条件来对待。由于劳动过程所实现的人与自然之间的物质、能量和信息交换,自然已经作为人类劳动过程的要素出现了。

阅读思考

人们能够有意识地利用石料、木料等建造房屋,满足人们生活的需要。但如果没有石头和木料,人们就要选择其他建筑材料才能建造房子。伴随着化学的发展,人们已能制造合成出能满足人们特定需要的化合物。但这些化合物的合成,是以参与合成的元素或化合物的属性为依据的。这些元素或化合物的性质、化学变化的规律是客观的。违背了化学规律,人们设计的化合物是合成不出来的。

婴幼儿配方奶粉是以牛乳(或羊乳)及其加工制品或谷物豆类及其加工品为主要原料,加入适量的维生素、矿物质和其他辅料,加工制成的供婴幼儿食用的产品。其营养成分应能满足0~6个月龄正常婴儿发育的营养需要,是一种母乳的替代品。但曾一度泛滥于安徽阜阳农村市场的"无营养"劣质婴儿奶粉,是不法分子用淀粉、蔗糖等价格低廉的食品原料全部或部分替代乳粉,再用奶香精等添加剂进行调香调味制造出来的。其中婴儿生长发育所必需的蛋白质、脂肪以及维生素和矿物质含量远低于国家相关标准,长期食用这种劣质奶粉会导致婴幼儿营养不良、生长停滞、免疫力下降,进而并发多种疾病甚至死亡。自2004年5月以来,这种劣质奶粉已使229名婴儿营养不良,其中轻中度营养不良的189人。现在,震惊全国的阜阳"毒奶粉"事件的相关责任人已受到法律的严惩。

请你联系事例说说如何理解"作为人类活动要素的自然"。

现代科学研究表明,自然界的万事万物,都有其自身产生和发展的客观过程,都是物质世界发展到一定阶段的产物。自然界既不是神所创造的,也不是人的意识的产物,自然界是本来就客观存在着的。不管人类对自然进行怎样的利用与改造,自然界存在与发展的客观性并没有被改变,它仍有着不以人的意志为转移的自身发展规律。因为人类利用与改造自然是不能随心所欲的,必须依据自然物本身的属性和规律来利用自然、改造自然。这就是说,在人类诞生以后,自然界的存在和发展在本质上仍然是客观的,是不以人的意志为转移的。

2. 人类社会是物质的

几千万年前,由于地球自然条件的变化,一部分古猿逐步由森林迁徙到平原,其生活方式也由林栖转变为地栖。地栖的生活方式对古猿的协同行动、群体规模、组织程度等都提出了较高的要求,这就为人类社会的形成准备了条件。

人类社会是物质世界长期发展的产物。人类不是从来就有的,而是由古猿发展而来的一个特殊的生物种群。在从猿到人的演化过程中,劳动起了决定性的作用。劳动创造了人的生理结构,形成了手脚分工;劳动使猿脑变成了人脑,形成了语言和意识;劳动使人结成了社会联系,形成了社会关系。因此,劳动创造了人和人类社会,没有劳动就没有人,就没有人类社会。

哲理故事

1860年6月30日,关于进化论大论战的第一个回合,在牛津大学面对面地展开了。这是英国科学促进协会召开的辩论会。以赫胥黎、胡克等达尔文学说的坚决支持者为一方,以大主教威伯福士率领的一批教会人士和保守学者为另一方,摆开了论战的阵势。面对威伯福士之流的恶毒攻击和挑衅责难,赫胥黎镇定自若。当威伯福士以胜利者的姿态大摇大摆地走下讲台时,赫胥黎从容不迫地走上了讲台。

他首先用平静、坚定、通俗易懂的语言,简要地宣传了进化论的内容,然后辛辣尖锐地批驳了大主教的一派胡言,回敬了他的无耻挑衅。

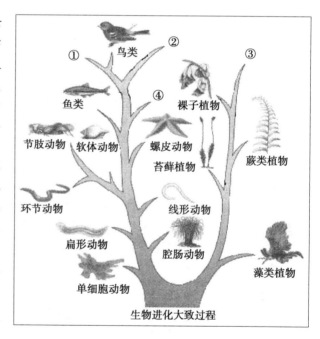

生物进化大致过程

他以激动而响亮的声音说道:"我要重复地断言,一个人有人猿为他的祖先,这并不是可羞耻的事。可羞耻的倒是这样一种人:他惯于信口雌黄,并且不满足于他自己活动范围里的那些令人怀疑的成就,还要粗暴地干涉他根本不理解的科学问题。所以他只能避开辩论的焦点,用花言巧语和诡辩的辞令来转移听众的注意力,企图煽动一部分人的宗教偏见来压制别人,这才是真正的羞耻啊!"

赫胥黎以雄辩的事实,富有逻辑性的论证,同大主教那种内容空洞、语无伦次的谩骂,形成了鲜明的对比。听众们都为赫胥黎的精彩演讲热烈鼓掌。威伯福士脸色铁青,自知在这场辩论中败于赫胥黎,只得灰溜溜地退出了会场。但是,战斗远没有结束。在为宣传进化论而进行的几十年的斗争中,赫胥黎一直站在斗争的最前线,充当捍卫真理的"斗犬"。人们高度评价赫胥黎坚持真理、捍卫和传播科学真理的崇高品格,说:"如果说进化论是达尔文的蛋,那么,孵化它的就是赫胥黎。"

今天,生物进化理论已经深入人心,人类由低等生物进化而来已经是不争的事实。

人类要生存下去,就必须首先解决衣、食、住、行的问题,也就是物质资料的生产问题。人类社会的其他活动,如政治、科学、艺术、宗教等,也必须以生产活动为前提。而生产总是在一定的生产方式下进行的,生产方式由生产力和生产关系两个方面构成。一定的历史条件下,生产力水平只能发展到某种特定的程度,就像在原始社会不可能具有现代化工厂一样,人们是无法自由决定生产力发展水平的。同样,由生产力性质和水平所决定的生产关系也不以人的意志为转移,按照人们的愿望和想象随意设定。纵观人类社会的发展,都是由生产方式的变化所引发的。

因此,人类社会在本质上是一个客观的物质体系,构成社会物质生活条件的基本要素是地理环境、人口因素和生产方式。这三者都是客观的物质要素。这些要素的客观性,集中体现了人类社会的物质性。

资料卡片

物质资料的生产方式,是生产力和生产关系的统一。生产力是客观的物质力量,生产力的实体要素劳动者、劳动资料和劳动对象都是物质的。生产关系是客观的经济关系,它包括生产资料的所有制关系、人们在生产中的地位和相互关系、产品的分配关系等,它们都是物质关系,具有物质性。人们既不能随意选择生产力,也不能随意选择生产关系。

3. 世界的本原是物质

自然界是物质的,人和人类社会是物质的,整个世界就是由各种具体的客观事物所构成的物质世界。从"夸克"到"总星系",从无机物到有机物,从生物界到人类社会,尽管事物纷繁复杂,其形态和性质有着无限的多样性,但它们有一个共同的本质,那就是这些事物是客观存在着的。在哲学上,我们就把这种具有客观实在性的事物都统称为物质。

马克思主义哲学认为,世界的本质是物质,世界统一于物质。物质是不依赖于人的意识,并能为人的意识所反映的客观实在。辩证唯物主义的物质概念,概括了宇宙间一切客观存在着的事物和现象的共同本质,而不是指某一种具体的物质形态。只有牢牢掌握了这一点,我们才能进一步领悟:无论是天地自然,还是从大自然中孕育而来的人类社会,它们在本质上都是物质的,世界的本原是物质。

阅读思考

"物质"一词是由希腊文"母亲"演化而来的,其基本含义是"创造者"。它是天地宇宙的根本,是万事万物存在的依据。笛卡儿说:"地和天是由同一物质做成的,而且纵然有无数世界,它们也都是由这种物质构成的。"

古希腊哲学家泰勒斯说：世界的本原是水，大地浮于水上，没有水就没有万物。赫拉克利特认为，世界是一团永恒的活火，它在一定的分寸上燃烧，在一定的分寸上熄灭。德谟克利特认为，不可再分的物质微粒——原子和虚空是世界的本原。

请问：哲学家所说的作为世界本原的"水""火""原子"等，同我们日常生活中所说的具体事物是什么关系？

总之，自然界是物质的，人类社会的产生、存在、发展及其构成要素，也具有客观的物质性。人的意识一开始就是社会的产物，它是在劳动中伴随着人和人类社会一起产生的。因此，世界是物质的世界，世界的真正统一性就在于它的物质性。

二、物质是运动的

1. 运动是物质的根本属性

世界不仅是物质的，而且物质世界每时每刻都处在运动之中。无论是斗转星移、四季更迭、春生夏长、秋收冬藏，或是花开花落、草长莺飞、鱼翔浅底、鹰击长空，这一切都说明，世界处在不停的运动之中。哲学上所讲的运动，是指宇宙间一切事物、现象的变化和过程。

任何具体的物质形态只有在运动中才能保持自己的存在，运动是物质的根本属性和存在方式。世界上不存在脱离运动的物质。同时，运动是物质的运动，物质是运动的承担者。物体是机械运动的载体，原子、离子等是化学运动的载体，有机体是生物运动的载体，生产方式是社会运动的载体，人脑是思维或精神运动的载体。总之，运动是物质的根本属性，物质与运动不可分割，世间一切运动都是物质的运动。既不存在不运动的物质，也没有脱离物质的纯粹的运动。

物质和运动不可分，并不否认静止的存在。世界上的一切事物都处在运动变化中，因而运动是绝对的、无条件的和永恒的。但是，就物质的具体存在方式来说，它又有静止的一面。辩证唯物主义所讲的静止，是运动的一种特殊状态。它主要有两方面的含义：一是说事物在它发展的一定阶段和一定时期，其根本性质没有发生变化；二是说物体相对于某一参照系来说没有发生位置的移动，或者说物体在一定条件和范围内没有进行某种特殊的运动。因此，静止是相对的、有条件的和暂时的。

哲理故事

在第一次世界大战中，一位法国飞行员碰到了一件极不平常的事情。这位飞行员在2 000米的高空飞行的时候，发现脸旁有一个什么小玩意儿在飞行，他以为这是一只小昆虫，便敏捷地把它抓过来。一看，大吃一惊：原来是一颗德制的子弹！这位飞行员为什么能轻而易举地伸手把子弹抓住呢？

这是因为，一颗子弹并不是始终以800~900米每秒的初速度飞行的。由于空气的阻力，速度逐渐降下来，而在它的射程终点（跌落前）的速度只有每秒40米。这个速度是普通飞机也可以达到的。因此，很可能碰到这种情景：飞机跟子弹飞行的方向相同，速度相等。这样，虽然子弹和飞机都处在运动中，但这颗子弹对于飞行员来说，则是静止的。在这种情况下，把它抓住自然没有丝毫困难了。

飞机和子弹的共同飞行说明了运动是绝对的，一切物质都在运动。静止是相对的，是有条件的、暂时的，是运动的特殊状态。飞机跟子弹飞行的方向相同、速度相等，这样虽然子弹和飞机都处在运动中，但这颗子弹相对于飞行员而言，则是静止的，因而飞行员能够抓住飞行中的子弹。

绝对运动与相对静止是辩证统一的。片面夸大事物的相对静止或事物的绝对运动都是错误的。前者会否认事物的运动绝对性，把相对静止绝对化，由此得出有所谓"绝对不变的物体"等错误观点；后者则会导致否认事物的相对静止，认为任何事物都是瞬息万变、不可捉摸的，否认事物间存在着质的区别。

资料卡片

哲学史上，一些哲学家因为不能正确对待运动和静止的关系，否认相对静止而走向了诡辩论。如克拉底鲁说："人一次也不能踏进同一条河流。"惠施说："日方中方睨，物方生方死。"

另一些哲学家则否认绝对运动而走向形而上学。如古希腊哲学家芝诺提出了"飞矢不动"说。从一定意义上讲，飞矢在某一瞬间的确是只在这一点上而不在那一点上。但是，就在这一瞬间，它又包含着离开这一点移到新的一点的趋势。因此，在同一瞬间，飞矢既在这一点上，又不在这一点上。正是这一矛盾的连续产生和不断解决，使得飞矢能够不断地从这一点飞到下一点。芝诺论证的症结在于，否认这一矛盾，把飞矢在某一点上的相对静止绝对化，从而陷入形而上学的绝对静止论。

马克思主义哲学在确认运动绝对性的同时，也肯定相对静止的存在。物质世界是绝对运动与相对静止的统一。只承认静止而否认运动是形而上学的不变论，只承认绝对运动而否认相对静止则导致相对主义和诡辩论。

2. 物质运动是有规律的

世界的本原是物质，物质的存在方式是运动。运动不是杂乱无章的，而是有规律的。自然界、人类社会和人的思维，在其运动变化和发展的过程中，都遵循其固有的规律。所谓规律，就是事物运动过程中固有的本质的、必然的、稳定的联系。

一切规律，无论是属于自然的、社会的，还是属于人类自身的，都是事物本身所具有的，它的存在和作用不以人的主观意志为转移。不管你是否已经认识了它、掌握了它，是否承认它、喜欢它，它始终存在着，并以不可抗拒的力量发挥着作用。就其本身而言，也无利害、好坏之分。而且，规律既不能为人所创造，也不能为人所消灭。因此，规律是客观的。

在客观规律面前，人并不是无能为力的。人可以在认识和把握规律的基础上，根据规律发生作用的条件和形式利用规律，改造客观世界，造福于人类。但事物的规律往往会隐藏起来，不容易被我们轻易发现。到目前为止，自然界与人类社会包括我们自身，还有很多未被发现和认识的规律，不过这并不意味着这些规律不存在，或是人类不能够发现它们,而是因为人类还不具备认识它们的条件。但人类认识世界的潜能是无限的,伴随着人类社会实践的深入和认识能力的提高,我们坚信,发现它们只是个时间问题。

2004年12月26日上午8时左右,印度尼西亚苏门答腊岛附近海域发生近40年来世界上最强烈的地震,地震所引发的巨大海啸,使遇难者超过23万人,还有大量的财产损失更是无法估计。东南亚和南亚数国发生地震、海啸,既是天灾,也有人祸的因素。近几年来,东南亚和南亚一些国家在经济利益的驱动下,砍倒了海边的红树林以换取外汇;并建起大量观景房,发展旅游业。这导致了海啸直接扑向陆地。

这些都说明了自然界的存在和发展不以人的意志为转移,具有客观性;同时说明规律是客观的,也是不以人的意志为转移的,它既不能被创造,也不能被消灭。这要求我们必须遵循规律,而不能违背规律;一旦违背规律,人们就会受到规律的惩罚。

第二节 意识的能动作用

18世纪法国哲学家帕斯卡尔说:"人只不过是一根苇草,是自然界最脆弱的东西,但他是一根能思想的苇草。用不着整个宇宙都拿起武器才能毁灭他,一口气、一滴水就足以致他死命了。然而,纵使宇宙毁灭了他,人却依然要比致他于死命的东西高贵得多。因为他知道自己要死亡,以及宇宙对他所具有的优势,而宇宙对此却是一无所知。因而,我们全部的尊严就在于思想。"所以说,意识是人类所特有的精神活动。

一、意识的本质

1. 意识是物质世界长期发展的产物

意识是自然界长期发展的产物。自然界从其自身的发展中产生出"地球上最美的花朵"——思维着的精神,经历了漫长的历史过程。在这一过程中,一切物质都具有的反应特性是人类意识产生的物质基础,生物的反应形式(刺激感应、感觉和心理)是人类意识产生的生物学前提。

人的意识是从动物的心理发展而来的,但纯粹的动物心理并不会自发地形成意识。意识不仅是自然界长期发展的产物,而且更重要的,它是社会的产物。意识同人类社会一起产生,并伴随人类社会的发展而发展。在这个过程中,劳动起了重要作用。恩格斯说:"首先是劳动,然后是语言和劳动一起,成了两个最主要的推动力,在它们影响下,猿脑就逐渐地过渡到人脑。"猿脑在社会劳动的推动下,进化成人脑,并随着劳动和语言的发展而日趋完善,容量越来越大,结构越来越复杂和严密,从而为意识的产生与发展提供了物质基础。同时,人类通过改造自然界以获取物质生活资料,而不是单纯地适应自然界。只有通过劳动,人与自然、人与人之间才能进行广泛的物质、能量、信息的交换,扩大和丰富人脑的反映对象和反映内容,发展人的意识能力。可见,意识不仅是自然界长期发展的产物,更重要的还是社会的产物。离开了劳动,意识既不能产生,也不能发展。

 **资料卡片**

原始人要制造石器,一定会进行思考,如选什么样的石头,加工成什么形状,做好后用来干什么,等等。制造石器的过程就是不断解决问题和思考的过程,这就锻炼了大脑。在使用工具时,也需要动脑筋,如用什么样的工具,什么样的打法容易击中野兽,等等。同时,劳动不仅要使用全部感官,更需要使用双手。俗话说,"十指连心",就是说这些灵敏的触觉细胞,通过无数的神经纤维和大脑连在一起。手巧心灵,推动了脑的发展。从出土的化石可以看到,不同劳动水平的原始人类有着不同的脑量。只会制造砾石工具

猿人以熟练的工具制作技能,促进人类朝下一阶段顺利地过渡

的"南方古猿"的脑量只有600多毫升;学会使用火的"北京猿人"的脑量却达到1 000毫升;而学会了制造复合工具,学会了绘画等艺术的智人的脑量则达到了1 400毫升左右。可见,伴随着劳动的复杂程度,人们思维的器官也随之发展,意识水平也不断提高。

2. 意识是人脑的机能

人脑是高度发达的物质系统,是意识活动的物质器官。人脑结构的复杂性和组织的严密性,决定了它具有产生意识的生理基础。现代脑科学研究成果证明,没有高度发达的神经生理系统——人脑,就不可能有人类意识的产生。

意识活动是通过人脑对外界刺激的一系列反射活动实现的。反射分为无条件反射和条件反射。无条件反射是动物由遗传获得的本能。条件反射有两种:一种是由于具体事物的刺激而引起的反射,叫作第一信号系统,这是人和动物所共有的;一种是在语言刺激下产生的反射,叫作第二信号系统,这是人所特有的。意识就是在第一和第二信号系统基础上产生的反映。

所以,意识是人脑的机能。人脑是意识的物质器官,是意识活动的物质承担者,离开人脑这种高度发达的特殊物质,就不可能产生意识。临床医学证明,人脑任何部分不同程度的损伤,都会不同程度地影响意识活动;如果大脑皮层受到严重损伤或病变,就有可能失去意识活动。

 **资料卡片**

现代科学证实,大脑是中枢神经系统的最高级部分,也是脑的主要部分。分为左右两个大脑半球,二者由神经纤维构成的胼胝体相连。被覆在大脑半球表面的灰质叫大脑皮层。其中含有许多锥体形神经细胞和其他各形的神经细胞及神经纤维。大脑半球的表面有许多深浅不同的沟裂(凸处为回)。人的大脑半球高度发展。成人的大脑皮质表面积

约为1/4平方米,约含有140亿个神经元胞体,它们之间有广泛复杂的联系,是高级神经活动的中枢。人的大脑有100多亿个神经细胞,每天能记录生活中大约8 600万条信息。据估计,人的一生能凭记忆储存100万亿条信息。如能把大脑的活动转换成电能,相当于一只20瓦灯泡的功率。根据神经学家的部分测量,人脑的神经细胞回路比今天全世界的电话网络还要复杂1 400多倍。每一秒钟,人的大脑中进行着10万种不同的化学反应。人

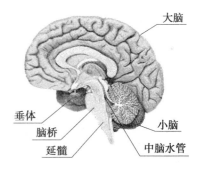

体5种感觉器官不断接收的信息中,仅有1%的信息经过大脑处理,其余99%均被筛去。大脑神经细胞间最快的神经冲动传导速度为400多公里/小时。大脑的四周包着一层含有静脉和动脉的薄膜,这层薄膜里充满了感觉神经。但是大脑本身没有感觉,即使将脑子一切为二,人也不会感到疼痛。人的大脑平均为人体总体重的2%,但它需要使用全身所用氧气的25%,相比之下肾脏只需12%,心脏只需7%。神经信号在神经或肌肉纤维中的传递速度可以高达每小时321千米。人体内有72千米长的神经。人的大脑细胞数超过全世界人口总数2倍多,每天可处理8 600万条信息,其记忆贮存的信息超过任何一台电子计算机。

3. 意识是客观存在的反映

意识是人脑的机能,但意识不是人脑固有的或自生的东西。意识的形成不仅需要人脑,还必须有被反映的客观存在。如果说人脑是生成意识的厂房和机器,那么,意识的反映对象——客观存在就是生成意识的原材料。意识是人脑对客观存在的反映,都是客观存在通过生活和实践的环节进入人脑,并在人脑中加工改造的结果。因此,意识本质上就是对客观世界的主观反映。离开了人类社会的环境和各种实践,意识就成了无源之水、无本之木。因此,意识的形式是主观的,而内容是客观的。

哲理故事

宋朝时有个画家叫文与可,擅长画竹子。他画的竹子栩栩如生,他的朋友晁补之写了一首诗称赞他,其中有两句说:"与可画竹时,胸中有成竹。""胸有成竹"从此成为脍炙人口的成语,流传至今。文与可"胸中"的"成竹"从何而来呢?是天生的吗?不是。是他冥思苦想、主观自生的吗?也不是。原来,文与可在他住处周围,种了许多竹子,一年四季观察竹子的变化。他对竹枝、竹叶在各个不同时期的形状、姿态,都有透彻的了解,因而当他画竹时,"下笔如有神",能够画出各种各样生动逼真的竹子。如果文与可不跟竹子打交道,不论如何构思,也不会做到"胸有成竹",更不会成为画竹子的高手。这就告诉我们,人的意识不是头脑里主观自生的,而是人脑对外部世界的反映。

脑对客观世界的反映,有正确和错误之分,但不管是正确的反映还是错误的反映,都离不开客观物质世界,都可以在客观世界找到它们的原型。即使是人们凭空想象出来的、现实世界中不存在的东西,也是有着客观世界事物的影子的。就如同人是按照自己的形

象创造了神一样,宗教也是人们对世界的虚幻的、歪曲的反映。宗教的根源不在天上,而在人间。所以,错误的思想也来源于客观世界,只不过是对客观世界的一种歪曲的颠倒的反映。

 阅读思考

鲁迅曾说:"天才们无论怎样说大话,归根结底,还是不能凭空创造。描神画鬼,毫无对证,本可以专靠了神思,所谓天马行空似的挥写了,然而他们写出来的,也不过是三只眼,长颈子,就是在常见的人体上,增加了眼睛一只,增长了颈子二三尺而已。"我国古代有个"画鬼最易"的故事,说的是有个为齐国国王作画的人,齐王问他说:"画什么最难?"回答说:"犬马最难。""什么最容易?"回答说:"鬼魅最容易。犬马,是人们都知道的,白天黑夜都在面前的,不能随意地画个大概和类似的模样,所以难画。而鬼魅,是不存在的东西,不是呈现在面前的东西,所以可以随意挥就,是容易画的。"

请你联系上面所学知识,说说这个故事说明了怎样的哲学道理。

总之,从意识的起源看,它是物质世界长期发展的产物;从意识的生理基础看,它是高度发达的物质系统——人脑的机能;从意识的内容看,它是客观存在的主观映象。因此,物质世界是先于人的意识而存在的,物质决定意识。

二、意识具有能动作用

人之所以能成为自然界中最富有智慧的生物,这主要是因为人的意识具有能动作用。意识的能动性是相对于物质的决定性而言的,是指人类所特有的能动地反映世界和改造世界的能力和作用。意识的能动作用又称为人的主观能动性。

1. 人能够能动地认识世界

意识活动具有目的性和计划性。人们在反映客观世界的时候,总是抱有一定的目的和动机,在实施行动之前还要预先制定蓝图、目标、行动方式和行动步骤等。蜜蜂筑巢、蜘蛛织网等,表面看起来似乎有某种预定的目标和计划,其实不然。它们既不知道自己在做什么,也不知道为什么要这样做。它们的操作纯粹是无目的的本能的活动。

意识活动具有主动创造性和自觉选择性。意识对客观世界的反映是主动的、有选择的,并不是客观世界有什么就反映什么。意识不仅能反映事物的外部现象,而且能够把握事物的本质和规律。它不仅能够"复制"当前的对象,而且能够追溯过去、推测未来,能够创造一个理想的或幻想的世界。意识活动的主动性和创造性,是人能够认识世界的重要条件。作为人体感官的眼睛,使我们看到了世界呈现给我们的样子,那青山绿水、姹紫嫣红,那浩渺烟波、重峦叠嶂,等等。透过人类意识这个"思维的眼睛",我们能够揭示深藏于事物内部的本质和规律。有了"思维的眼睛",人类就可以逐步解开自然之谜和社会历史之谜。世界上只有尚未认识之物,而没有不可认识之物。

阅读思考

马克思说:"蜘蛛的活动与织工的活动相似,蜜蜂筑蜂房的本领使人间许多建筑师感到惭愧。但是,最蹩脚的建筑师从一开始就比最灵巧的蜜蜂高明的地方,是他在用蜂蜡建筑蜂房以前,已经在自己的头脑中把它建成了。"蜜蜂固然能制造精妙绝伦的蜂房,甚至令人类最伟大的建筑师都感到惊奇。然而,蜜蜂建筑蜂房是一种本能的活动,而建筑师在建筑房屋以前,已经在头脑中形成了关于房子的用途、式样、大小等想法,并形成了具体的施工方案。在日常生活中,我们还会要求自己"志存高远",逢年过节的时候,人们常常相互祝愿"心想事成"。

请你从意识能动作用的角度谈谈这样做的积极意义。

2. 人能够能动地改造世界

人的主观能动性不仅在于能反映客观世界,根据需要和可能形成目的,更重要的是在一定目的的支配下,通过有计划的实践活动将观念的东西变为现实,使客观世界发生合乎人的目的的变化。这就是意识对物质的反作用,即意识对改造客观世界具有指导作用。人们在意识的指导下能动地改造世界,即通过实践把意识中的东西变成现实的东西,创造出没有人的参与永远也不可能出现的东西。人类自诞生之日起,就要战天斗地,赢得自己的生存空间。从女娲补天、精卫填海,到燧人氏钻木取火、神农氏种百草、有巢氏教人构木为巢、大禹治水、鲁班造屋等,这些都反映了我国古代人民用自己的力量改造世界的豪情。

 哲理故事

在我国古代,民间盛传着关于神农的故事。东汉时期的《神农本草经》载曰:"神农尝百草,日遇七十二毒,得荼而解之。"汉代许慎《说文解字》中尚无"茶"字,曾有人考证,"荼"字就是"茶"字的古体字之一。据古书记载,神农即神农氏,是生活在距今四五千年前的上古时期氏族部落的首领,他带领部落的人们种百谷,植桑树,从事着农业耕作。为了治疗人们的疾病,神农氏经常寻草药于深山大川之中。

传说神农氏有着透明的身体,草药入肚后,药行到何处,药效及治病机制明晰无疑。他每日尝数种草药,有的含剧毒,使他口干舌燥,五内若焚,每当遇到此种情形,神农氏就找寻茶叶放在口中慢慢咀嚼,其味苦涩而后甜,随之舌底生津,身体诸种不适便逐渐消失,且神志愈发清醒。有一天,神农氏尝了一种草后,肚肠突然一节节断了，而茶叶又找寻不到，于是就断肠而死。

神农氏的传说，相当程度上反映了中华民族上古时期历史的真实性。可以说，神农氏是传说中世界上对茶叶发现、认识和利用的第一人，是中国古代农业和医学的创始者。后人为了纪念他的功绩，奉神农氏为"三皇五帝"中的"炎帝"。

无论人的意识正确与否都具有能动作用，但它们起作用的性质是不同的。正确的意识能够指导人们采取正确的行动，对客观事物的发展起促进作用。错误的意识会引导人们采取错误的行动，对客观事物的发展起阻碍或破坏作用。

第三节 一切从实际出发

客观世界的存在是不以人的意志为转移的，而人们的主观认识即意识又来源于客观世界，是人脑对客观世界的主观映象。那么，主观与客观的关系就应该是客观决定主观，主观反作用于客观。这就要求人们看问题不能从主观出发，而应该从客观实际出发。这样才能正确处理好主观与客观的关系，使人们在认识世界和改造世界中少犯错误。

一、尊重客观规律

人类所有的认识和改造世界的活动，都是在人们意识的支配下开展的。能否正确地发挥意识的能动作用将直接决定着人类活动的成败。而正确发挥主观能动性的前提条件是，必须正确处理客观规律性同主观能动性的关系，正确认识与把握客观规律，尊重客观规律，按规律办事。

1. 尊重客观规律是发挥主观能动性的前提

只有正确地认识和掌握客观规律，按照客观规律办事，才能有效地发挥主观能动性。而违背了客观规律，则会处处碰壁。发挥人的主观能动性，必须以尊重客观规律为前提，在正确认识客观规律的基础上，利用客观规律来指导自己的实践活动，使客观规律为自己的实践活动服务。而违背客观规律的活动，人的能动性发挥越大，破坏性就越大，必然会导致挫折和失败。

哲理故事

我国1958年的"大跃进"，片面强调发挥人的主观能动性，不顾客观规律，提出"人有多大胆，地有多大产""不怕做不到，就怕想不到"等错误口号，结果使工农业生产遭到严重破坏，人民生活水平急剧下降。

在社会主义改造与第一个五年计划取得伟大胜利的情况下，1958年5月，党的八大二次会议正式通过了社会主义建设总路线，号召全党和全国人民，争取在15年或者更短的时间内，在主要工业产品的产量方面赶上和超过英国。会后，全国各条战线迅速掀起了"大跃进"的高潮。8月，中共中央政治局在北戴河举行扩大会议，确定了一批工农业生产的高指标，提出1958年钢产量要在1957年535万吨的基础上翻一番，达到1 070万吨。

作为1958年实现"大跃进"的主要步骤,会议还决定在农村普遍建立人民公社。会后,全国开始了全民炼钢和农村人民公社化运动。同时,交通、邮电、教育、文化、卫生等事业也都开展"全民大办",把"大跃进"运动推向了高潮。这就使经济建设中的高指标、瞎指挥、浮夸风泛滥开来。直到1960年冬,中共中央和毛泽东开始纠正农村工作中的"左"倾错误,"大跃进"才被停止。"大跃进"造成了国民经济比例严重失调,使社会主义建设事业受到重大损失。

2. 认识和利用规律必须发挥人的主观能动性

规律具有客观性,我们只能遵循规律而不能创造和改变规律,但这并不表明,我们在规律面前就毫无作为。事物发展都有其本身固有的规律,规律不会自动反映到人脑中来。规律往往隐藏于事物的背

后,需要人们不断探索和思考,运用科学研究的手段,才能被发现和认识。而科学研究的过程,就是人们发挥主观能动性的过程。因此,只有充分发挥主观能动性,才能认识规律。在科学技术发展史上,任何一个科学发现、技术发明都不是轻而易举地取得成功的,都是经过科学家艰苦的研究和实践才获得的。

哲理故事

1897年,居里夫人选定了自己的研究课题——对放射性物质的研究。在实验中,她发现一种沥青铀矿的放射性强度比预计的强度大得多,这说明实验的矿物中含有一种人们未知的新放射性元素,且这种元素的含量一定很少。她果断地在实验报告中宣布了自己的发现,并努力要通过实验证实它。经过几个月的努力,居里夫妇从矿石中分离出了一种同铋混合在一起的物质,它的放射性强度远远超过铀,这就是后来被列在元素周期表上第84位的钋。几个月以后,他们又发现了另一种新元素,并把它取名为镭。但是,居里夫妇并没有立即获得成功的喜悦。当拿到了一点点新元素的化合物时,他们发现原来所做的估计太乐观了。事实上,矿石中镭的含量还不到百万分之一。只是由于这种混合物的放射性极强,所以含有微量镭盐的物质表现出比铀要强几百倍的放射性。

科学的道路从来就不平坦。钋和镭的发现,以及这些放射性新元素的特性,动摇了几个世纪以来的一些基本理论和基本概念。因此,无论是物理学家还是化学家,虽然对居里夫人的研究工作都有兴趣,但是心中都有疑问。为了最终证实这一科学发现,也为了进一步研究镭的各种性质,居里夫妇必须从沥青矿石中分离出更多的并且是纯净的镭盐。

一切未知的世界都是神秘的。在分离新元素的研究工作开始时,他们并不知道新元素的任何化学性质。他们没有钱,没有真正的实验室,只有一些自己购买或设计的简单的仪器。1902年年底,经过艰苦努力,居里夫人提炼出了十分之一克极纯净的氯化镭,并准确地测定了它的原子量。从此镭的存在得到了证实。镭虽然不是人类第一个发现的放射性元素,却是放射性最强的元素。医学研究发现,镭射线对于各种不同的细胞和组织,作用大不相同,那些繁殖快的细胞,一经镭的照射很快都被破坏了。这个发现使镭成为治疗癌症的有力手段。镭的发现从根本上改变了物理学的基本原理,对于促进科学理论的发展和在实际中的应用,都有十分重要的意义,也说明了不发挥人们的主观能动性是无法认识未知的事物的。

人们认识规律的目的,是利用规律来科学、有效、合理地改造自然。利用规律是理论指导实践的过程,要经过许多中间环节才能实现。在某些条件下,某个客观规律对于人类是有利的,而如果条件发生了变化,这个规律产生的也许就是破坏性作用。所以,我们必须发挥主观能动性,自觉地创造与改变某些条件,使规律发生作用时朝向有利于人类的一面,这更需要发挥人的主观能动性。

坚持尊重客观规律和发挥主观能动性相统一的原理,具有重要的现实意义。在社会主义现代化建设中,必须把尊重客观规律和发挥主观能动性有机地结合起来,把高度的革命热情和科学的求实态度结合起来。既要充分发挥广大人民群众的积极性和创造性,又要踏踏实实,按规律办事。要坚决反对片面强调发挥人的主观能动性,无视客观规律的制约,盲目蛮干;也要反对借口尊重客观规律,不发挥人的主观能动性,因循守旧,墨守成规。我们既要从中国的实际出发,实事求是,按规律办事,又要解放思想,敢想敢干,锐意进取,勇于开拓创新。只有这样,才能将建设中国特色社会主义的伟大事业不断推向前进。

二、一切从实际出发、实事求是

1. 坚持唯物主义,反对唯心主义

世界是独立于我们意识之外的统一的物质世界。世界是物质的,物质是运动的,运动是有规律的。所以,我们要按世界的本来面目去认识它,不能从主观想象出发,而应该在尊重客观规律的基础上发挥人的主观能动性。

物质和意识的关系问题,是哲学的基本问题,是一切哲学都不能回避、必须回答的问题,也是贯穿于哲学发展始终的问题。正是对这个基本问题的不同回答,出现了哲学中唯物主义和唯心主义两大阵营的对立与斗争。

凡是认为物质第一性、意识第二性,物质决定意识的哲学派别,就是唯物主义。唯物主义在其历史发展过程中,经历了三种基本历史形态。

第一,古代朴素唯物主义。它认为,世界万物不是由神创造的,而是由某一种或某几种原初物质变化发展而来的,万物由它产生、由它组成,最后又复归于它。

资料卡片

古希腊的阿那克西美尼认为，万物的始基是气，万物由气演化而来，最后又回归为气。赫拉克利特认为，世界的本原是火。中国古代的"八卦说"把天、地、风、雷、水、火、山、泽八种东西作为构成世界的基本要素，世界万物皆由这八种东西产生，最后又复归于这八种东西。东汉的王充认为气是万物的本原，气的交感变化产生了万物和人类。这些朴素唯物主义把某一种或某几种具体的物质形态当作物质本身，虽然坚持了世界的本原是物质，但缺乏科学的论证，只是一种直观的猜测，解释不了千变万化、千差万别的物质现象。

第二，近代形而上学唯物主义，主要指欧洲各国近代资产阶级革命时期的唯物主义哲学。这一时期的唯物主义，代表了新兴资产阶级的利益和进取精神。形而上学唯物主义反对宗教神学，崇尚科学，认为自然界不是精神的，而是物质的，构成物质世界的最小单位是原子，把原子看成最小的物质颗粒。这种观点比朴素唯物主义前进了一大步，它已经有了自己的自然科学基础。

资料卡片

形而上学唯物主义也有它的缺陷：一是机械性，它用机械力学的观点解释一切现象，把植物、动物、人都看成机器；二是形而上学性，把整个世界看作是孤立的、静止的和不变化的，把科学对物质结构一定层次的认识（如分子、原子）当作物质本身，犯了以偏概全的错误；三是不彻底性，它对社会历史的看法是唯心主义的。

第三，现代辩证唯物主义和历史唯物主义，是由马克思和恩格斯创立的马克思主义哲学。这种哲学思想在科学实践观的基础上，克服了朴素唯物主义和形而上学唯物主义的缺陷，把唯物主义和辩证法高度统一起来，把唯物辩证的自然观和历史观高度统一起来，它是彻底的完备的唯物主义，为无产阶级和劳动人民提供了科学的世界观和方法论。

而认为意识第一性，意识决定物质的哲学派别，是唯心主义。唯心主义把意识视为世界的本原，但由于对意识有不同的理解，形成了两种基本形态。

第一，主观唯心主义。主观唯心主义认为，人的主观精神是第一性的，世界万物是人的主观精神的产物。

哲理故事

英国近代哲学家贝克莱说："存在就是被感知"，"物是感觉的集合"。在贝克莱看来，世界的本原就是人的感觉，各种事物都是人的各种感觉的复加。据说，有一天贝克莱同一个朋友在公园里散步，朋友的脚碰了一块尖石头，碰得很疼，他的朋友很恼火，就问贝克莱："我的脚在碰到石头以前，石头是不是存在呢？"贝克莱回答说："石头存在是因为你碰到了它，感觉到了它。"言外之意就是脚没碰到石头，石头就不存在。可见，这种认识是非常荒谬的。

第二,客观唯心主义。客观唯心主义认为,在自然界和人类社会之外,还独立存在着某种"客观精神",这种"客观精神"是第一性的,世界上的一切事物都是这种"客观精神"的产物。如古希腊的柏拉图认为,精神性的"理念"是世界的本原,现实世界是理念世界的影子。19世纪德国哲学家黑格尔认为,世界的本原是"绝对精神",这种"绝对精神"运动变化到一定阶段产生了自然界和人类社会。宗教里讲的神、上帝、真主等创造世界,也属于客观唯心主义观点。

主观唯心主义和客观唯心主义尽管形式上有所不同,但它们的根本观点是相同的,而这些观点都是错误的。

2. 一切从实际出发是唯物主义的必然要求

尊重客观规律就要一切从实际出发,实事求是,这是唯物主义的基本要求。毛泽东同志说:"实事",就是客观存在的一切事物;"是",就是客观事物的内部联系,即规律性;"求",就是我们去研究。一切从实际出发,实事求是,就是一切要从客观存在着的事实出发,从中引出事物固有的客观规律性,作为我们工作和实践的指导,有效地进行认识世界和改造世界的活动。

一切从实际出发,实事求是,并不是否定发挥主观能动性。它要求我们不断解放思想,与时俱进,以求真务实的精神探求事物的本质和规律,在实践中检验和发展真理。这是我们做好各种事情的基本要求,也是无产阶级政党制定和执行正确的路线、方针、政策的前提和依据。

 阅读思考

张斌的父亲是个足球迷,一心想把儿子培养成未来的足球明星,为此他把儿子送进一所有名的足球学校。经过几年的刻苦训练,张斌的球踢得有模有样了,但在一场校内的训练比赛中,他不幸被同伴踢伤,伤势非常严重。

医生告诉他的父母:别再让孩子踢球了,他的身体条件已经不再适应大运动量的体育活动,再练会对孩子的身体造成难以估量的伤害。张斌的母亲想让儿子退出足球学校。但父亲认为,很多足球明星都曾受过重伤,不是有人靠顽强的意志恢复了健康,又重返赛场的吗?于是,父亲决定让张斌休养一段时间再回学校踢球。

不幸的是,张斌在比赛中又一次受伤,伤的是同一部位。这一次,张斌再也没能站起来……

在日常生活中,做一件事情要想达到预期的目的,首先要具备什么样的条件呢?你能用具体的事例来说明你的理由吗?

坚持一切从实际出发,实事求是,要把发挥主观能动性和尊重客观规律结合起来,把高度的革命热情同严谨踏实的科学态度结合起来。既要反对夸大意识能动作用的唯意志论,又要反对片面强调客观条件,安于现状、因循守旧、无所作为的思想。

坚持一切从实际出发、实事求是有着重要的意义。坚持一切从实际出发、实事求是,是我们党和国家正确地制定和执行路线、方针、政策的前提,也是我们每一个人正确认识世界和改造世界的根本立足点。

 资料卡片

我国现在正处在并将长期处在社会主义初级阶段,这是当前我国最大的实际。社会主义初级阶段不是泛指任何国家进入社会主义社会都要经历的起始阶段,而是特指我国在生产力落后、商品经济不发达条件下建设社会主义必然要经历的特定阶段。它有两层含义:一是说我国已经是社会主义社会;二是说我国社会主义还处在初级阶段,即不发达阶段。因此,我们就要做到:坚持社会主义而不能离开社会主义;要从初级阶段出发,而不能超越这个阶段。在党的十一届三中全会以前,我们在社会主义建设中遭受的挫折,主要的原因是提出了一些超越社会主义初级阶段的任务和政策。党的十一届三中全会以后,我们纠正了超越社会主义初级阶段的观念和政策,从中国的实际出发,制定了党的社会主义初级阶段的基本路线,实行改革开放,使我国社会主义现代化建设取得了举世瞩目的成就。

总结中国共产党成立90多年来领导中国革命和建设的经验教训,可以得出一个结论:坚持从实际出发、实事求是,革命和建设事业就成功,就顺利发展;不从实际出发,不实事求是,革命和建设事业就失败,就遭受挫折。历史证明,实事求是是马克思主义的精髓,是革命和建设事业取得胜利的法宝。

3. 坚持一切从实际出发的基本要求

要做到实事求是,一切从实际出发,就要懂得因地制宜、因时制宜的道理。物质世界是永恒运动的,静止是相对的。物质运动又以时间、空间作为其存在形式,所以,在实际生活中我们要注意时间与空间等条件的变化,用运动、变化、发展的观点看待世界,处理问题,在运动中把握事物的本质和规律。要看到规律作用的条件,避免犯主观主义和经验主义的错误。

哲理故事

《吕氏春秋·察今》里有一个"刻舟求剑"的故事。有一个楚国人过江,在船行驶时自己的佩剑掉进了江里,他立即在剑落水处的船身上刻下了一个记号,很放心地说:"我的剑是在这儿掉下去的。"等船靠了岸,他就沿着做了记号的地方下水捞剑,结果自然找不到。故事里的这位楚国人错就错在自己的固执,不懂得任何事物都是发展变化的。

要做到实事求是,一切从实际出发,还要坚持深入实际,注重调查研究。要解决好问题,必须首先进行深入的调查研究。做好调查研究工作就是了解实际情况,根据客观存在的事实,在占有翔实材料的基础上对事实进行科学分析,从而找出应对策略去解决问题。如果没有经过调查研究,只凭主观想象,凭一时的热情,甚至做事只靠"拍脑袋""闭门造车",那么坚持实事求是也只能是一句空话。

资料卡片

1991年,随着"八一九"事件发生,苏联迅速解体,东欧国家易帜剧变,国际共产主义运动顿时陷入低潮。当时,西方国家加紧对社会主义国家进行争夺和渗透,中国面临着严峻的挑战,再次引起了人们对我国前途命运的关注。当时有一种声音,就是要用反和平演变来取代改革,引发了一场关于"改革开放"的争论。

1992年1月18日至2月21日,88岁高龄的邓小平视察南方,足迹遍及武昌、深圳、珠海、上海等地,反复强调中国的改革就是要搞市场经济,基本路线要管一百年。他一语道出了1991年思想交锋的要害,尖锐地指出:"改革开放迈不开步子,不敢闯,说来说去就是怕资本主义的东西多了,走了资本主义道路。要害是姓'资'还是姓'社'的问题。判断的标准,应该主要看是否有利于发展社会主义社会的生产力,是否有利于增强社会主义国家的综合国力,是否有利于提高人民的生活水平。"

邓小平南方谈话在我国改革开放的关键时刻,指明了中国改革发展的目标和道路,坚定了我们走中国特色社会主义道路的信心,其历史影响是非常巨大而深远的。但我们不能忘记,邓小平南方谈话是建立在深入实际,注重调查研究的基础上的,是从当时我国改革开放所面临的形势出发的,因而才能成为指导我们实践的正确认识。

要做到实事求是,一切从实际出发,还应该敢于坚持真理。现实生活是复杂多样的,有些时候面对书本、面对权威和领导,我们就不开动自己的头脑,不经过自己的思考,盲目地迷信他们的意见;或者面对其中的错误,由于各种主客观的原因,不敢坚持真理,这些做法都是错误的。我们要以大无畏的精神,在任何情况下都能够做到为了人民的利益敢于同各种错误倾向和邪恶势力做斗争,做一个坚持实事求是,一切从实际出发的真正实践者,"不唯书,不唯上,只唯实"。

三、正确处理人与自然的关系

自然界自从出现了人,就产生了人与自然的关系。人作为自然的存在物,不能脱离自然界而生活,必须依赖自然界;人又是自然界中最高级的存在物,能发挥主观能动性,改造自然界的天然面貌,使之适应自己的需要。协调好人与自然的关系是人类必须面对的一个重大问题。

1. 人依赖于自然界

首先,人依赖自然界的物质构成自己的生命有机体。人作为自然界的一部分,是与自然界处于不可分割的联系中的。自然界为人提供了最基本的物质和能量,一旦脱离了自然界,人类无疑将自取灭亡。自然界还是人类社会产生和发展的条件,人类社会是自然界演化过程中的一个阶段,从某种意义上说,人类社会也是自然界的一部分。因此,自然界是人类社会活动的前提条件和制约因素。

 **资料卡片**

人作为自然存在物,首先是一个生命实体。构成人的机体的生命物质,都是由自然界中的元素组成的,其中碳、氢、氧、氮四种元素,就占人体总重量的96%,钙、磷、钾、硫、钠、氯、镁七种元素占人体总重量的3%,其他元素含量较低,如氟、铬、锌、锰、铜、碘、钴、钼、硒、铁、铝等,称为人体中的微量元素。英国科学家汉密尔的研究结果表明,除了人体原生质中的主要组成部分碳、氢、氧、氮和地壳中的主要组成部分硅以外,其他化学元素在人体血液中的含量和地壳中这些元素的含量分布规律是一致的。这说明,人和地壳物质保持着一种自然的平衡。如果这一平衡被打破,则会影响人体健康,甚至引起疾病以致死亡。如人体缺钙就会骨质疏松,缺碘就会患上甲状腺肿大,体内含铝过剩就会变成呆傻,等等。

生态环境是由地球表面的大气圈、水圈、岩石圈构成的。大多数生物生活在大气、水体和陆地相邻的区域中,适合于生物生存的范围叫生物圈。大气圈、水圈、岩石圈之间通过气流、降水等作用,经常进行能量交换和物质循环,使生物圈具有一定限度的调节机能,保持生态平衡,以适合人类生存。到目前为止,地球仍然是我们所知道的唯一适合人类生存的生态环境,离开了我们所处的生态环境,人类就无法生存。因此,我们必须十分爱惜、妥善保护我们的生态环境。

2. 人反作用于自然界

对自然界的依赖是人的自然性的一面,在这一点上,人与其他动物并无区别。但人具有主观能动性,人还能改造自然界。人对自然界的依赖,不是消极的适应,而是积极的改造。人通过对自然界的改造,为自己创造新的生存条件。

首先,人以自己的生产活动作用于自然界,改变着自然界的面貌。人所需要的生活资料与生产资料大多不是自然界直接提供的,而是人类通过劳动获得的。在劳动中,人类依照自己的需要改变着自然,于是,农田牧场、乡村城市改变了原来的山川河流,人类生产生活的需要打破了自然原有的图景。自然界不再是人诞生之前的样貌,而是打上了人类活动的烙印。

 **资料卡片**

名闻遐迩、气势恢宏的龙脊梯田位于广西龙胜县东南部和平乡境内。龙脊梯田始建于元朝,完工于清初,距今已有650多年历史。梯田一般分布在海拔300米至1 100米之间,坡度大多在26°至35°之间,最大坡度达50°。站在高处眺望,梯田如链似带,环绕在一座座山峰之间,形似一只

只巨大的螺蛳。有的梯田像巨扇一样半合半开,有的则像被分割的镜子,有层次地镶嵌成多种图形。在这个区域内,小路蜿蜒在跌宕有致的梯田里,那一幢幢被水光映照、被云影拂弄的壮族木楼,如诗如画。高山、深谷、大落差,让龙脊梯田周边形成远有高山云雾,近有河谷急流的绝佳景观。人们不仅是被这美丽的自然景观所陶醉,更赞叹制造这壮美图画的人类创造的精神。

其次,人利用对自然规律的认识,创造出许多自然界中原来没有的东西。随着人类认识能力与实践能力的提高,人类改造自然的力量空前强大起来。人类在自然面前获得了越来越大的自由,通过生产实践和科学实验,不断深入认识和掌握自然规律,并以这些认识为指导,创造出日益丰富的自然界中原来没有的东西,如机器、火车、汽车、飞机、人造地球卫星等。特别是近几十年以来,由于自动化技术和生命科学、生物技术的发展,人们已经能制造机器人,并通过重组生物遗传密码,制造出自然界中原来没有的新物种。

资料卡片

20世纪90年代初,第一个转基因食品出现在美国,是一种保鲜番茄。随之而来,欧美之间也为转基因食品吃与不吃的问题争论不休。所谓转基因食品,就是利用分子生物学技术,将某些生物的基因转移到其他物种中去,改造生物的遗传物质,使其在性状、营养品质、消费品质方面向人类所需要的目标转变。以转基因生物为直接食品或为原料加工生产的食品就是转基因食品。它的研究已有几十年的历史,但真正的商业化是近十多年的事。据报道,目前美国是转基因食品最多的国家。

转基因技术作为一种最新的科技,世界各国都在抢占这一农业高新技术的制高点,以此来提升国际竞争力。我国目前已拥有从功能基因基础研究、基因安全评价研究,一直到转基因作物开发应用的独立的、比较完整的转基因技术体系。我国对于转基因食品实施了严格的管理制度,经国家批准的转基因产品有两种情况:一种是我国批准用于商业化生产的转基因食用农作物,到目前为止我国已经先后批准了抗病毒的甜椒、耐储藏的番茄、抗病毒的番木瓜三种;另一种是我国用于进口加工原料的转基因农产品,包括大豆、玉米、油菜。目前我们国家共发放5个转基因大豆品种和13个转基因玉米品种进口安全证书。批准应用以及进口的转基因生物都必须经过严格的环境安全和食用安全方面的评价。

面对转基因食品安全性的争论,我们都应该采用客观科学的态度去面对,不能一概而论。

3. 人与自然界协调发展

人依赖自然界,又不断地改造自然界。人类改造自然界的积极方面是使自然界更适合人类的生存和发展。由于对自然规律认识不够,人类改造自然界也出现了消极的方面,就是极大地破坏了人类赖以生存的环境,从而对人类生产和生活产生不利的影响。我们青年学生要从自己做起,增强环境意识,爱护环境,保护环境,不做污染环境、破坏生态平衡的事情。

 **资料卡片**

人类当今面临的环境问题主要有：空气污染严重，世界性水资源危机，森林惨遭毁灭，物种不断减少，臭氧层变薄等。人类对环境的破坏造成了人与自然关系的不协调，严重威胁着人类的生存和发展。因此，协调好人与自然的关系，是摆在当代人面前的一个重大问题。面对严重的环境问题，盲目乐观和消极悲观的态度都是不对的。持盲目乐观态度的人，违背自然规律，一味追求眼前的物质利益，一方面贪婪地向大自然索取资源，另一方面又肆无忌惮地向大自然抛撒废物，其结果必然造成生态环境的严重恶化，使人类无法生存和发展。持消极悲观态度的人认为，要保持生态环境的平衡，就必须停止科学技术进步，停止发展生产，重过古代的田园生活。这种非历史主义的态度，必然导致历史的大倒退。正确的态度应该是把发展科学技术和生产力与保护生态环境有机地统一起来，协调人类改造自然的行动，调整好人类改造自然的方向，既不要像古代那样做自然界的奴隶，也不要像工业社会那样做自然界的敌人，而应该做自然界的朋友，爱护自然，培育自然，建立起人与自然的全面和谐的关系，推动形成绿色发展方式和生活方式。

在对待人与自然的关系上，大致有三种思想和行为方式：一是古代社会的"宿命论"，以人消极适应自然、听天由命为特征；二是近现代的"征服论"，以人无节制地掠夺式的开发利用资源为特征；三是当代的"和谐论"，以人合理利用、保护资源，与自然协调发展为特征，这是一种正确的认识，它反映了历史的进步，表现了人类认识能力与实践能力的提高。人类的未来掌握在我们自己手中，人类对生态环境的关注就是人类对自身生命的关爱，拯救生态环境也就是拯救人类自己。只有推行可持续发展战略，才能从根本上改变人与自然关系紧张的局面。

我国的生态问题主要包括水土流失、荒漠化、草原退化和物种减少等。水土流失成为威胁我国生态安全，制约经济社会可持续发展、构建和谐社会的重要因素。特别是西南地区的石漠化、西北地区的土地沙化、东北地区的黑土流失，以及遍布全国的坡耕地和侵蚀沟水土流失问题十分突出，都已制约了当地经济社会的发展。一方面，这是由于历史原因造成的；另一方面，在最近几十年的发展过程中，能源和资源被大量消耗，技术含量低的粗放型经济增长方式，也带来了对环境的巨大破坏。传统的资源开发利用方式重开发轻保护、重建设轻管理，以牺牲生态环境为代价换取眼前和局部利益的现象在一些地区依然严重存在。特别是随着经济的快速发展，部分地区生态环境却呈恶化趋势，经济快速增长对生态环境造成了巨大压力。

 **资料卡片**

沙尘天气是沙尘暴、扬沙和浮尘天气的统称，它是一种由大风将地面沙尘吹（卷）起、或被高空气流带到下游地区而造成的一种大气混浊现象。根据能见度和风速可分为浮尘、扬沙、沙尘暴、强沙尘暴、特强沙尘暴5个等级。

我国大部分地区沙尘天气主要发生在春季，也就是3~5月。其中南疆盆地、青海西南部、西藏西部及内蒙古中西部和甘肃中北部是沙尘暴的两个多发区，年沙尘暴日数在10天以上，南疆盆地和内蒙古西部两地的部分地区超过20天；准噶尔盆地、河西走廊、内蒙古北部等地的部分地区有3~10天；西北东南部、华北中南部和东部、黄淮、东北中西部及新疆、青海、四川、湖北等省(区)的部分地区在3天以下。另外，2000年以来，内蒙古东南部和辽宁西北部的沙尘天气呈增长趋势。

沙尘天气的发生往往给当地人民生命财产造成巨大损失。可造成房屋倒塌、交通供电受阻或中断、火灾、人畜伤亡等，污染自然环境，破坏作物生长。

我国四大主要沙尘暴源区

北方四大沙尘暴源区
1. 河西走廊及阿拉善高原区
2. 内蒙中部农牧交错带及草原区
3. 塔克拉玛干沙漠周边区
4. 蒙陕宁长城沿线旱作农业区

我国2000年共发生了13次沙尘暴、扬沙和扬尘天气。

近50年来，我国强沙尘暴发生的次数逐渐增多：
20世纪50年代 5次
60年代 8次
70年代 13次
80年代 14次
90年代至今 23次

在很长一段时间里，我国人口多、资源人均占有量少的国情不会改变，资源环境对经济增长制约的作用越来越大，而人民群众对生态环境质量的要求也必然越来越高。从长远看，经济发展和人口资源环境的矛盾会越来越突出，可持续发展的压力会越来越大。要解决这些突出矛盾，必须始终坚持以人为本，牢固树立并切实贯彻创新、绿色、开放、共享的发展理念，把控制人口、节约资源、保护环境放在重要的战略位置。

资料卡片

1972年6月，第一次联合国环境会议在斯德哥尔摩召开，会议发表了《人类环境宣言》，认为人类负有保护和改善环境的庄严责任，为了当代人和未来世代人的利益，必须保护地球上的自然资源。1987年，世界环境与发展委员会发表《我们共同的未来》的报告，引起了全球关注，其中明确提出了"可持续发展"的定义："可持续发展是既满足当代人的需要，又不对后代人满足其需要的能力构成危害的发展。"可持续的思想和战略逐渐得到各国的认可。1992年6月，联合国在里约热内卢召开了世界环境发展大会，通过了《里约热内卢环境与发展宣言》，以及后来的《二十一世纪议程》。从此，可持续发展演变为一场国际性运动。可持续发展是一种人类生存智慧,体现了人协调自己与自然、与环境的关系,获得永续生存的一种策略。

 思考与练习

一、单项选择题

1. "人并没有创造物质本身,甚至人创造物质的这种或那种生产能力,也只是在物质本身预先存在的条件下才能进行。"这句话说明了 （　　）

　　A. 人不能改造自然,不能创造物质
　　B. 自然界先于人和人的意识而存在
　　C. 人类创造自然的前提是自然界的客观存在
　　D. 人类有意识地改造自然界取得的成果,首先是人们承认自然的客观存在和服从自然的结果

2. 下面对静止的看法正确的有 （　　）

　　A. 静止不是不运动,而是一种不显著的运动
　　B. 运动和静止都是绝对的,动中有静,静中有动
　　C. 运动比静止更具有普遍性
　　D. 运动具有普遍性,静止不具有普遍性

3. "自然是一本不隐藏自己的大书,只要我们读它,就可以认识它。"这句话的意思是 （　　）

　　A. 人的认识能力是无限的　　　　B. 意识对客观世界具有反作用
　　C. 意识能够反映客观世界　　　　D. 意识不能脱离客观世界而独立存在

4. 俗话说:"有心栽花花不开,无心插柳柳成荫。"这说明 （　　）

　　A. 人只能被动地适应自然
　　B. 人在客观事物面前是无能为力的
　　C. 客观事物及其内在规律都不依赖于人的意识而客观存在
　　D. 人们做事不可太认真

5. 人类经过长期的生产劳动,已经使自然界的面貌发生了巨大的变化,甚至可以说,人类所到之处都留下了自己的意识的印记。这说明 （　　）

　　A. 客观世界是由人的主观意识创造的
　　B. 自然界是客观的,而人类社会是主观的
　　C. 在特定条件下,主观可以决定客观
　　D. 人类能够利用对自然规律的认识能动地改造自然

二、多项选择题

1. 意识不能脱离客观世界而独立存在的原因是 （　　）

　　A. 意识是客观世界的产物　　　　B. 意识是客观事物在人脑中的反映
　　C. 意识通过客观世界而出现　　　D. 意识是人脑特有的机能

2. 下面有关意识的论述正确的是 （　　）

A. 有了人脑就会自动产生人的意识
B. 人脑仅仅是人的思维器官,意识的内容来源于客观世界
C. 意识对客观世界的反映,由于各种条件的限制,不一定都是正确的
D. 意识既然来源于客观世界,那么必然是正确的认识

3. "画饼充饥"的故事说明　　　　　　　　　　　　　　　　　　　　（　）
A. 意识具有能动作用　　　　　B. 意识决定客观世界
C. 世界既是客观的,又是主观的　　D. 意识的能动作用要受到客观事物的制约

4. "量力而行,尽力而为"其中蕴含的道理是　　　　　　　　　　　　（　）
A. 规律是不可改变的
B. 规律是不可改变的,人们不应有所作为
C. 既要尊重客观规律,又要发挥主观能动性
D. 既要重视事物的客观性,又要重视意识的反作用

5. 下列说法符合"一切从实际出发"的道理的是　　　　　　　　　　（　）
A. 入乡随俗　　　　　　　　B. 按图索骥
C. 掩耳盗铃　　　　　　　　D. 审时度势

三、辨析题(判别正误并说明理由)
1. "万事预则立,不预则废"所体现的哲学道理就是指物质的决定作用。
2. 没有人脑就不会有意识,有了人脑就必然有意识。
3. 重视物质利益就是唯物主义,强调精神文明就是唯心主义。

四、简述题
1. 为什么说"世界是物质的"?
2. 如何理解"静中有动,动中有静"?
3. 为什么说意识的形式是主观的,而内容是客观的?
4. 简述意识能动作用的主要表现。
5. 正确处理客观规律性同主观能动性关系的基本要求是什么?
6. 如何坚持做到一切从实际出发?

 探究与实践

改革开放以来,我国经济社会获得全面快速发展。然而,我国经济运行尚未有效摆脱粗放型发展模式,当前主要污染物排放总量仍明显大于自然界的自净能力,造成了严重的环境污染。不合理的生产活动和消费方式,又加剧了我国生态环境的进一步恶化。总的来说,当前我国面临的环境问题主要表现为环境污染和生态破坏两大类,水环境质量有待改善;大气环境污染治理任务艰巨;固体废弃物污染日趋严重;生态环境脆弱、自然灾害频繁。

近年来,随着经济的快速增长和人口的不断增加,我国淡水、土地、能源、矿产等资源不足的矛盾更加突出。从总体上看,我国资源消耗高、浪费大、环境污染的粗放型经济增长方式与日益紧缺的资源之间的矛盾越来越突出,资源短缺已经成为实现可持续发展的

瓶颈。我国在资源总量上，可以称得上是地大物博。但从人均资源量来分析，中国又是世界上的"资源小国"，主要资源远远低于世界平均水平。这主要表现在以下几个方面：人均资源量远低于世界水平；矿产资源保证程度低；自然资源空间分布不均；资源浪费严重，利用率低。

　　实施可持续发展战略必须依靠公众的支持和参与。公众对可持续发展的参与不仅包括公众积极参加有关的行动或项目，更重要的是人们要改变自己的态度和习惯。实现可持续发展意味着一场深刻的变革，是世界观、价值观、道德观的变革，是人类行为的变革。

　　请以小组为单位，开展一次创建"环境友好型、资源节约型"社会的宣传活动。同时制订出你在日常生活中打算采取的有益于可持续发展的行动方案并加以实践。

第二章 学会全面辩证地看问题

1938年5月,在抗战爆发一周年将至之际,毛泽东发表了著名的军事论著《论持久战》。文中依据对形势的科学判断,分析了中日双方互相矛盾着的四个基本特点:敌强我弱,敌小我大,敌退步我进步,敌寡助我多助。驳斥了亡国论者"看敌人如神物,看自己如草芥",速胜论者"看敌人如草芥,看自己如神物"的错误认识。提出了抗战的"三阶段"论,最终得出"抗日战争是持久战,最后胜利是中国的"科学论断。《论持久战》的发表,从思想上、理论上武装了广大群众,对中国人民坚定抗日信心,坚持持久抗战,争取抗日的最后胜利,具有极大的动员和指导作用。同时,也成为运用辩证唯物主义和历史唯物主义从实际出发解决战争问题的光辉典范。因此,学习辩证法,以辩证的眼光去看世界,我们就能正确地看待事物。

第一节 事物是普遍联系的

生物进化论的创始人达尔文在论述他的学说时曾提到一个著名而有趣的发现——"食物链"。他观察到在养猫多的地方,羊也可以养得更多一些。猫和羊有何相干呢?原来,羊吃的食物中有一种三叶草,这种草是靠丸花蜂授粉的,而田鼠为吃这种黄蜂又常常会破坏蜂窝。所以,田鼠多了蜂就少,三叶草授粉的机会也就越少。相反,猫越多田鼠就越少,从而丸花蜂就多了起来,三叶草的繁殖也就兴旺,牧草多了,羊就可以养得多一点。这样,"猫—田鼠—丸花蜂—三叶草—羊"之间就形成了一个相互联系的食物链。由此可见,世界上的事物并非孤立地存在,它们之间是相互作用、相互联系的。

一、世界是普遍联系的整体

联系是指一切事物、一切现象之间以及事物内部诸要素之间的相互依存、相互影响、相互制约、相互作用的关系。它既包括事物之间的各种联系,也包括事物内部诸要素、诸方面的各种联系。唯物辩证法认为,物质世界是一个普遍联系的整体,任何事物只有在一定的联系中才能存在和发展。联系具有普遍性、客观性、多样性的特征。普遍联系的观点是唯物辩证法的第一个总特征。

1. 联系的普遍性

联系是普遍存在的。世界上的一切事物,都处在普遍联系之中,整个世界就是一个相互联系的统一整体,任何事物都不能孤立存在,都是统一的联系之网上的一个部分、一个成分或一个环节。在自然界中,从巨大星系到微观粒子,从无机物到有机物,无不处于微妙的联系之中;社会领域中的经济、政治和思想文化,其间也存在着千丝万缕的相互联系;在思维领域中,古今中外各种思想观念之间,无不存在着现实的、历史的联系。在自然界、人类社会和思维领域之间,也存在着错综复杂的关系。一句话,世界存在着普遍联系。

 哲理故事

2007年5月29日起,太湖沿岸的江苏无锡市正经历着一场严重的公共饮水危机,近百万市民家中的自来水系统因受到太湖蓝藻暴发污染而无法饮用。几天后,由国家、省、市建设、环保部门专业人士及高校专家组成的两支调查组进行了详细调查。通过现场勘察、水文分析及图像拍摄,专家组一致认为,造成此次无锡太湖水源地水质突变的原因,主要是这一水域内存在巨大的蓝藻污水团突然侵入水源地取水口造成的。

对于无锡蓝藻的暴发,环保部门认为既有自然因素,也有人为因素。从自然因素上来讲,无锡市太湖水位2007年比往年要低,也就是说水少。再就是2006年是暖冬,2007年的4月无锡的平均气温都在20度左右,这样的气温适合蓝藻的生长。这些是自然因素。

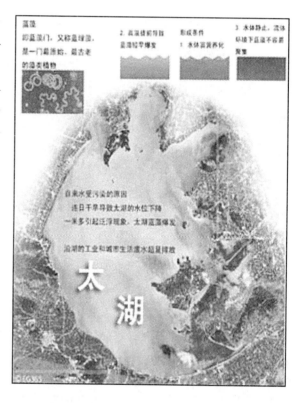

人为因素主要是太湖湖体中的氮、磷浓度比较高。2006年,太湖湖心区平均氮、磷的含量分别比1996年增加了2倍和1.5倍。2007年5月以来,太湖大部分水域藻类叶绿素的含量局部地区高达每升230多微克,这就为藻类生长提供了一个最为基础的物质条件,太湖呈全湖性的富营养化趋势。而湖水富营养化的主要原因就是人为污染。

由此可见,自然环境是人类生存、生活的基础,两者之间存在着必然的联系。保护环境就是保护人类自身。

联系的普遍性主要有三种表现。第一,任何事物内部的各个部分、要素、环节是相互联系的,它们构成一个有机整体。人们常说的"牵一发而动全身""十指连心",便形象地说明了这个问题。第二,任何事物都不能孤立存在,都与周围的其他事物相互联系着。第三,整个世界是一个相互联系的统一整体,而不是各种孤立的事物的机械堆积。

唯物辩证法肯定事物的普遍联系,但并不否定事物的相对独立性。事物之所以是此事物,即在于其具有相对独立性。在现实中,我们不能只片面强调事物联系的一面,而忽视有其独立性的一面。

2. 联系的客观性

事物之间的联系不是人们强加给事物的,也不是人们主观认识的产物,而是事物本身所固有的,因此是不以人的意志为转移的。不管我们是否认识到了它,是喜欢还是不喜欢,它都存在着。所以,联系具有客观性。我们既不能"创造"事物之间的联系,也不能"消灭"事物之间的联系,我们所能做的和我们必须做的,只是按照客观事物的本来面目如实地反映事物之间的联系,并在正确反映的基础上利用这些联系。

 资料卡片

人们对于非同寻常的事物往往会心存恐惧,比如说彗星。恒星在天空中似乎是不动的,行星的运动轨道是椭圆,它们的行踪都有规律可循。彗星则不同,它的出现似乎是不定期的,无法捉摸的,因此当人们偶然在夜空中看到彗星时,常同人间的灾难联系起来。古时的中国人把彗星称作"扫帚星",意味着灾祸与不祥。

使人们对彗星的态度由恐惧转变为好奇的是英国科学家埃德蒙·哈雷。从1695年开始,哈雷对彗星的轨道做了大量细致的研究。当时的科学巨人牛顿认为彗星的轨道是抛物线,而哈雷则相信彗星也可能是椭圆轨道的,因此也就有可能在相同的时间间隔看到同一颗彗星。他发现,1456年、1531年和1607年的彗星以及1682年他亲自观测到的彗星,都是沿着相同的轨道穿过天空,所以他认为这可能是同一颗彗星,沿着非常长的轨迹进行周期性的运行,每隔75年或76年才能靠近地球和太阳一次。哈雷还预测,这颗彗星将于1758年再次返回近日点。他虽然没有机会再次看到这颗彗星,但1759年这颗彗星果真如约而至,只比他预言的时间晚一年。

其实,彗星与九大行星一样,都是围绕太阳运转的行星。哈雷彗星形状之所以特别,是因为彗星在回归中接近太阳的时候,表层的物质受热后气化,开始蒸发,反射阳光,形成包在彗核周围的明亮的彗发。拖在后面的彗尾,则由稀薄的气体和尘埃组成,形状像扫帚,朝着背向太阳的方向延伸,可长达数千万甚至上亿公里。

对于彗星对地球的影响还在进一步深入研究,但可以肯定的是这只是一种自然现象,和人们所说的灾难预兆没有必然的联系。

3. 联系的多样性

事物的联系是普遍的、客观的,又是复杂多样的。一般而言,事物之间有内部联系和外部联系、本质联系和非本质联系、必然联系和偶然联系、横向联系与纵向联系、直接联系和间接联系,等等。不同的联系对事物的存在和发展起着不同的作用。内部的、本质的、必然的联系,对事物的基本性质和基本发展趋势起着决定作用;而外部的、非本质的、偶然的联系,只是在一定程度上影响着事物发展的进程。

哲理故事

任何事物都是世界联系链条上的不同环节,只是联系的方式不同而已。从前有座城市,城下有一个池塘。一天,城门起了大火,人们高呼救火。一条鱼见状向同伴大喊:"不好了,城门失火了,我们快逃命吧。"其他鱼不以为然,它们想,城门失火与我们何干?于是,依旧悠哉优哉地嬉戏。可是,命运的丧钟敲响了。原来,人们赶来救火,把池塘里的水都用光了,最后除了那条高喊着逃命的鱼由于及时逃离而幸免于难以外,其他的鱼都一命呜呼了。

这个故事说明了在火、水、鱼三者中,水与火、水与鱼都存在着直接联系,如"水火不相容""鱼儿离不开水""鱼水情深"。但在火和鱼之间,则是间接联系。火和鱼是通过水这一中介联系起来的。因为水可以灭火,城门失火,需要池塘里的水来灭火;鱼离不开池塘里的水,只有在水里才能活命。但灭火时把池塘里的水都用干了,鱼儿失去了水,当然死了。这时鱼与火就发生了联系。这就是"城门失火,殃及池鱼"的故事。它告诉我们,事物的联系不仅是普遍的,而且是复杂多样的。

二、坚持用联系的观点看问题

1. 正确认识事物之间的联系,树立整体观

用联系的观点看问题,要求我们树立整体的观点,反对孤立、片面地看问题。也就是要从普遍联系的总体上把握事物的本质和功能,掌握事物外部和内部的各种联系,树立系统的、整体的观点,防止"只见树木,不见森林"的片面性认识。

阅读思考

2017年4月1日,新华社受权发布:中共中央、国务院决定设立河北雄安新区。涉及河北省雄县、容城、安新3县及周边部分区域的雄安新区,迅速成为全世界瞩目的焦点。设立雄安新区是以习近平同志为核心的党中央以有序疏解北京非首都功能为出发点,是充分尊重城市建设规律,解决"大城市病"问题的关键一招。新区在筹建之初,就要加强同北京、天津、石家庄、保定等城市的融合发展,特别是同北京中心城区、城市副中心在功能上有所分工,实现错位发展。统筹生产、生活、生态三大布局,努力成为贯彻新发展理念的创新示范区,形成京津冀目标同向、措施一体、优势互补、互利共赢的协同发展新格局。这是继深圳经济特区和上海浦东新区之后又一具有全国意义的新区,是千年大计、国家大事。

请你依据事物普遍联系的整体观谈谈雄安新区的设立。

现代系统论告诉我们,世界上的任何事物都是一个系统,事物之间的联系具有系统性。系统是由若干相互联系的要素按照一定方式所组成的,并与周围环境相互作用,具有特定功能和运动规律的有机整体。整体性是系统的根本特征。所谓整体性,就是指一个系统是由若干要素构成的,系统的功能并不是各个部分在独立存在时所具有的功能的简

单叠加,而是具有各部分在独立存在情况下所不具有的功能,即整体不等于各部分之和。系统中各要素不是孤立地存在着,每个要素在系统中都处于一定的位置上,起着特定的作用。要素之间相互关联,构成了一个不可分割的整体。

资料卡片

系统思想源远流长,但作为一门科学的系统论,人们公认是由美籍奥地利人、理论生物学家L.V.贝塔朗菲创立的。系统论的基本思想方法,就是把所研究和处理的对象,当作一个系统,分析系统的结构和功能,研究系统、要素、环境三者的相互关系和变动的规律性,并以优化系统的观点看问题。世界上任何事物都可以看成是一个系统,系统是普遍存在的。大至浩茫的宇宙,小至微观的原子,一粒种子、一群蜜蜂、一台机器、一个工厂、一个学会团体……都是系统,整个世界就是系统的集合。

我国著名科学家钱学森教授,多年致力于系统工程的研究,十分重视建立统一的系统科学体系的问题。自1979年以来,多次发表文章表达他把系统科学看成是与自然科学、社会科学等相并列的一大门类科学的观点。系统论反映了现代科学发展的趋势,反映了现代社会化大生产的特点,反映了现代社会生活的复杂性,所以它的理论和方法能够得到广泛的应用。系统论不仅为现代科学的发展提供了理论和方法,也为解决现代社会中的政治、经济、军事、科学、文化等方面的各种复杂问题提供了方法论基础。当前,系统观念正渗透到人类社会发展的每个领域。

我国的改革开放更是一项复杂的系统工程,涉及各个领域、各个部门、各个方面,是一个普遍联系的有机整体。单独一方面的进步并不能代表整个国家的现代化水准,甚至一个部门的超高速发展还会影响其他行业及全局的发展。所以,在现实生活中,要自觉地运用普遍联系的观点看问题,在习近平新时代中国特色社会主义思想指导下,把我国建成富强民主文明和谐美丽的社会主义现代化强国。

2. 正确处理全局和局部的关系,树立全局观

全局是指由事物的各内在要素相互联系构成的有机统一体及其发展的全过程。局部是指组成有机统一体的各个方面、要素及发展过程的某一阶段。坚持普遍联系的观点还要求我们处理好全局和局部的关系。

第一,树立全局观点,局部服从全局。局部和全局的地位不是平列的,不能同等看待。全局处于决定的地位,全局高于局部,统率局部;局部必须服从全局,离开了全局的局部是没有意义的。在全局利益和局部利益不可兼得时,应该牺牲局部利益来保证全局和整体的利益。我们日常生活中所说的要"顾全大局"就是这种观念的生动体现。

哲理故事

1936年,日本帝国主义不断扩大对中国的侵略,蒋介石坚持不抵抗政策,继续进行内战。张学良、杨虎城因受中国共产党抗日民族统一战线政策及人民抗日运动的影响,要求蒋介石联共抗日。蒋不仅拒绝了张、杨的要求,并亲往西安督战,要求张、杨两人发动剿共

战争。在"苦谏"蒋介石,"停止内战、一致抗日"遭拒绝的情况下,1936年12月12日,张学良、杨虎城发动了西安事变,武装扣留了蒋介石。这时,亲日派汪精卫、何应钦企图借机扩大事态,夺取蒋介石的统治权力,进一步和日本妥协。后经中共代表周恩来的调停,促成了西安事变的和平解决。西安事变对推动国共再次合作、团结抗日,起了重大的历史作用。但蒋介石获释后要求张学良陪其返回南京,张学良明知此去南京凶多吉少,但他为了民族的整体利益,为了停止内战、共同抗日的大局,毅然置个人安危于度外,和蒋介石一同回到南京,却马上被拘禁了起来,从此,一辈子过着没有自由的软禁生活。张学良将军这种服从大局需要,牺牲个人利益的全局观永远值得人们敬仰。

第二,重视局部的地位和作用。全面地看问题,也不能忽视局部,任何一个局部都是全局不可缺少的组成部分,都对全局有一定的影响。特别是关键性的局部更为重要,它是我们解决问题,把握重点的切入点。所谓"打蛇要打在七寸上""擒贼先擒王"等说的就是这个道理。

 资料卡片

农业丰则基础强,农民富则国家盛,农村稳则社会安。党的十八大以来,在以习近平同志为核心的党中央坚强领导下,我们坚持把解决好"三农"问题作为全党工作重中之重,持续加大强农惠农富农政策力度,扎实推进农业现代化和新农村建设,全面深化农村改革,农业农村发展取得了历史性成就,为党和国家事业全面开创新局面提供了重要支撑。五年来,粮食生产能力跨上新台阶,农业供给侧结构性改革迈出新步伐,农民收入持续增长,农村民生全面改善,脱贫攻坚战取得决定性进展,农村生态文明建设显著加强,农民获得感显著提升,农村社会稳定和谐。农业农村发展取得的重大成就和"三农"工作积累的丰富经验,为实施乡村振兴战略奠定了良好的基础。

当前,我国发展不平衡不充分问题在乡村最为突出,主要表现在:农产品阶段性供过于求和供给不足并存,农业供给质量亟待提高;农民适应生产力发展和市场竞争的能力不足,新型职业农民队伍建设亟需加强;农村基础设施和民生领域欠账较多,农村环境和生态问题比较突出,乡村发展整体水平亟待提升;国家支农体系相对薄弱,农村金融改革任务繁重,城乡之间要素合理流动机制亟待健全;农村基层党建存在薄弱环节,乡村治理体系和治理能力亟待强化。实施乡村振兴战略,是解决人民日益增长的美好生活需要和不平衡不充分的发展之间矛盾的必然要求,是实现"两个一百年"奋斗目标的必然要求,是实现全体人民共同富裕的必然要求。

农业农村农民问题是关系国计民生的根本性问题。没有农业农村的现代化,就没有国家的现代化。可见,"三农"问题尽管是我国现代化建设过程中的局部问题,但在当前,这就是关键性的局部,能否解决好这个局部,事关我国现代化建设的全局。

第二节 事物是变化发展的

世界上一切事物都有其产生、发展与灭亡的过程。宇宙中的一切都是作为一个过程而存在的,每时每刻都有旧的天体消亡,每时每刻又都有新的天体在产生着、演变着,整个宇宙就是一个无限发展的过程。人类也是如此,从远古洪荒时代祖先的茹毛饮血,经过千万年的进化,走到现代的灿烂文明。这其间是社会的运动、变化与发展的过程。因此,整个物质世界就是一个永恒发展的过程。发展的观点是唯物辩证法的第二个总特征。

一、事物发展的状态

1. 量变与质变

量变是指事物数量的增减、场所的变更以及事物内部各个组成部分在空间排列组合上的变化。量变对于事物的性质来说,是一种渐进的、不显著的变化,是在事物原有性质范围内的变化。量变不会改变事物的根本性质,所以在量变过程中,我们看到的事物还是原来的事物。量变体现了事物发展过程中的连续性和稳定性。

质变则是事物根本性质的变化,是事物由一种质态向另一种质态的飞跃。质变表现为急剧的显著的变化,是事物连续过程的中断。

事物的变化发展总是表现为量变和质变两种形式和状态,即由量变到质变,又由质变到新的量变的辩证发展过程。

 资料卡片

大自然的鬼斧神工常常造就了令人惊奇的自然奇观。"雅丹"是"雅丹尔"的转音,意为险峻陡峭的沙丘。雅丹地貌,是一种风蚀地貌,也叫沙蚀丘或风蚀丘,在维吾尔语中意为"风化土堆群"。在地理学上是干旱地区风蚀地域地貌的统称。干旱荒漠、岩石结构疏松、当地风力较大是形成雅丹地貌的基本因素。这种地貌的发育过程是这样的:挟沙气流磨蚀地面,地面出现风蚀沟槽。磨蚀作用进一步发展,沟槽扩展为风蚀洼地;洼地之间的地面相对高起,成为风蚀土墩。

雅丹地貌土质坚硬,岩石呈浅红色,大漠狂风雕刻成的千奇百怪、错落有致的岩沙形态各异,与青色的戈壁滩形成强烈的对比,在蓝天白云的衬托下格外引人注目。柴达木的雅丹,是7 500万年前第三纪晚期和第四纪早期的湖泊沉积物,由于地质运动抬高而脱离水体,期间的盐和沙凝结地壳被西风侵蚀雕塑而成。它们广布于柴达木西北部,是世界最

大最典型的雅丹景观之一。因其奇特怪诞的地貌，飘忽不定的狂风，由于地形奇特而生成诡秘瘆人的风声，再加上当地岩石富含铁质，地磁强大，常使罗盘失灵，导致无法辨别方向而迷路，被世人视为魔鬼城、迷魂阵。

每当人们面对这样的大自然杰作时，总会又一次深刻地体会到事物发展中"量变"到"质变"的道理。

2. 量变与质变的辩证关系

量变和质变的关系是既相互区别，又相互联系、相互转化。量变引起质变，质变又引起新的量变，新的量变发展到一定程度又引起新的质变，如此交替，循环往复。这就是事物变化和发展的质量互变规律。

首先，量变是质变的前提和必要准备。没有量变就没有质变。一切事物的运动发展都是由逐渐的、不明显的量变开始的，当量的变化积累到一定的程度时，必然会引起质变。量变为质变打好了基础，做好了准备。

哲理故事

老子说："合抱之木，生于毫末。九层之台，起于垒土，千里之行，始于足下。"荀子说："不积跬步，无以至千里；不积小流，无以成江海。"人们常说："冰冻三尺，非一日之寒。""千里之堤，溃于蚁穴。"这些话说明只有经过一定的量的积累，才能发生质的飞跃。饭要一口一口地吃，路要一步一步地走，知识要一点一点地学，事情要一件一件地做。这些普通的常识中都包含着量变是质变的必要准备的思想。

我国当代著名科学家竺可桢，为了研究生物和环境条件周期性变化之间的联系，数十年如一日，从不间断地观察各种气候现象。他每天起床后的第一件事就是记录气温、气压、风向、湿度等气象要素；每年他都要仔细地记录北京北海公园的冰冻和融化、植物开花、燕子归来、布谷鸟初鸣等物候现象的日期。大量感性材料的积累，为他的物候学理论的形成奠定了基础，一部《物候学》终于在他的晚年写成。

其次，质变是量变的必然结果。当量变积累到一定程度时，必然会引起事物的质变，这就是量变到质变的转化。量变必然引起质变一般有两种情况：一是事物数量的变化达到一定程度，就会引起质变；二是事物的总体数量不变，构成事物的成分在结构和排列次序上发生变化，就会引起质变。

资料卡片

地上有一粒谷子，这一粒谷子不能算作谷堆，因为一粒谷子和一个谷堆有着质的区别。在一粒谷子的地方,一粒一粒地往上添,不停地添下去,当谷粒达到一定的数量时,就会变成一个谷堆。再如,CH_4是甲烷,C_2H_6是乙烷,C_3H_8是丙烷,C_4H_{10}是丁烷。每增加一个CH_2,就会发生质变,成为一种新的物质。

同是碳原子构成,由于碳原子之间的排列结构的不同,就形成了金刚石、石墨和碳三种不同的物质。再如,甲醚和乙醇的化学成分都是C_2H_6O。但是,它们是性质完全不同的两种物质,甲醚是气体,不溶于水;乙醇是液体,溶于水。它们之所以有质的不同,就是由于它们的分子结构不同。

量变必然引起质变,因为量变突破事物的度,事物就必然由一种质转变为另一种质,必然发生质变。"度",是指事物保持自己质的数量界限、范围或幅度。度的两端的界限叫关节点或临界点,在度的范围内,事物只产生量的变化而不出现质变。

 阅读思考

当量变超出度的范围,事物就会发生质变。液体的水温可高可低,在标准大气压下,液态水的温度是0℃~100℃,这也是水保持自己液体的物理性质的度,0℃和100℃就是关节点或临界点。在这个范围内,水温升高或者降低,不影响水的液体状态。但如果水温达到其临界点即沸点或冰点的时候,也就是低于0℃或高于100℃时,就突破了度,液体的水就会变成固体形态的冰或气体形态的水蒸气。

《淮南子》中有段精辟论述:"积羽沉舟,群轻折轴,故君子禁于微。"这段话的意思是:累积羽毛,可以把大船压沉;不断堆积很轻的东西,也能把车轴压断。这里包含着由量变到质变的道理。积少成多,小中见大,量变最终会引起质变。所以,古人修身都很重视细节。三国时,刘备临终托孤,特意叮嘱太子刘禅:"勿以恶小而为之,勿以善小而不为。"

请你用量变和质变的原理解释一下这句话的意思。

再次,质变体现和巩固量变的成果,并为新的量变开辟道路。事物只有在实现了质变以后,才能把量变的成果巩固下来,并在新的基础上开始新的量变,这是由质变到量变的转化。量变、质变、新的量变、新的质变,事物就是这样不断由低级向高级发展的。

二、事物发展的道路

1957年,毛泽东同志在看望留苏学生的时候曾有一句名言,他说:"世界是你们的,也是我们的,但是归根结底是你们的。你们青年人朝气蓬勃,正在兴旺时期,好像早晨八九点钟的太阳,希望寄托在你们身上。"这实际上说明了"新陈代谢""推陈出新""除旧布新"是宇宙间普遍的、永远不可抗拒的发展规律。事物总要经历由不完善到完善、由低级到高级、由简单到复杂的发展过程。在这其中,不断有新事物产生,也不断有旧事物灭亡。所以,发展的实质是新事物的产生和旧事物的灭亡。但事物的发展道路不是一帆风顺的,而是呈现出一种波浪式前进和螺旋式上升的特征。

 资料卡片

"运动""变化"和"发展"三个概念含义相近。其中,"运动"作为物质的固有属性和存在形式,是指一般的变化,它包括宇宙中发生的一切变化和过程。"变化"则既包括事物量的变化,也包括质的变化,它可以是上升的、前进的运动,也可以是下降的、倒退的运动。"发展"不是指一般的"运动"和"变化",而是指事物由小到大、由简单到复杂、由低级到高级的前进、上升的运动变化过程。

1. 事物发展总的趋势是前进的、上升的

所谓新事物,是指合乎事物发展的必然规律,具有远大前途和强大生命力的东西。旧事物则是指历史发展过程中逐渐丧失其存在必然性、日趋灭亡的东西。新事物必然战胜旧事物,这是由新旧事物的本质特点所决定的。

第一,新事物符合事物发展的客观规律,具有新的结构和功能,有着强大的生命力。对于旧事物来说,新事物是促使其灭亡的因素,是旧事物无法克服、无法消除的。

第二,新事物是在旧事物中孕育成熟的,它吸收了旧事物中积极的、仍然适合新的历史条件的东西,克服了旧事物中消极的、过时的、腐朽的东西,因而比旧事物在内容上更丰富、在形态上更高级和复杂,具有旧事物所不可比拟的优越性。

第三,社会领域中的新事物代表历史的前进方向,同人民群众的利益、愿望和要求相一致,因而能够得到人民群众的最终拥护和支持。

所以,新事物是不可战胜的,事物发展总的趋势是新事物代替旧事物的前进性、上升性趋势。

哲理故事

查理·达尔文,1809年2月12日诞生于英国英格兰西部施鲁斯伯里乡间一位医生家庭。其父希望他继承家业,于是送他去爱丁堡大学医学系和剑桥大学就读。但他对于博物学和矿物学具有很浓的兴趣。1831年,在汉斯罗教授的推荐下,达尔文以博物学家身份跟随海军"贝格尔"号舰进行了5年的环球旅行。他跋山涉水,对热带与亚热带地区的动植物做了广泛的考察、深入的研究,从而确立了其生物进化的观念,推翻了"物种不变"的说教。1859年11月24日,他出版了《物种起源》一书。这是一部划时代的巨著,是对自然界认识的一次伟大变革。恩格斯把达尔文的进化论看作是19世纪自然科学的三大发现之一。

其实,在达尔文之前,一些敢于冲破宗教信仰束缚的科学家也开始正视这个事实。早

在18世纪中叶,法国博物学家布封就已认为生物物种是可变的,并大胆地推测所有的动物都来自同一个祖先。他还认为地球的年龄比《圣经》所记载的几千年要古老得多,并把生物物种的变化和地球环境的变化联系起来。但是在社会的压力下,布封被迫宣布放弃这些"离经叛道"的观点,因此未能产生什么影响。达尔文的"进化论"发表后,也曾遭到当时神学界的强烈反对,甚至有人嘲笑达尔文的祖先是一只猴子。"进化论"作为一个新事物自它诞生开始就遭到了反对、怀疑甚至鄙视,但"进化论"作为一种科学理论毕竟是符合事物发展规律的,因此,达尔文的物竞天择、适者生存、优胜劣败的观点也随着科学的发展而逐渐被人们所接受。

2. 事物发展的道路是曲折的

新事物必定战胜旧事物,推动事物的发展,这是由新事物的本质特点所决定的。但这个过程并不是一帆风顺的,而是曲折的,这使得事物发展的道路呈现出波浪式前进和螺旋式上升的情形。

第一,新事物在其萌芽、成长的初期,总是比较弱小、不够完善,它的成长壮大本身就需要一个过程。在这个过程中由于各种原因,事物发展的进程就会出现停滞、倒退等情况。

第二,旧事物不可能自动退出历史舞台,心甘情愿地被新事物所替代,为了维护自身的地位,它总是想方设法地竭力扼杀新事物的成长,这样就大大增加了新事物成长的困难。

第三,在社会领域中,新事物还有一个被广大人民群众逐步认识、理解、接受和支持的过程。

所以,这些因素综合起来,就决定了新事物在其成长的过程中,必定要遇到这样或那样的困难,遭受各种挫折,甚至出现暂时的倒退。这样,事物发展的道路就不是简单的"直线"发展,而是呈现出波浪式前进和螺旋式上升的情形。

哲理故事

2011年6月30日,世界上一次建成线路最长、标准最高的高速铁路——京沪高速铁路正式开通运营。这条高速铁路采用轮轨技术,并由我国自行设计、自主建设,设计时速350公里,初期运营时速300公里,连接北京和上海两个中国经济规模最大的直辖市,乘坐时间由原来的约10小时缩短至5小时左右。

但在190年前,当世界上第一列火车出现在铁路线上时,人们心中充满了惊奇,都认为它是一个怪物。火车的发明者斯蒂芬森试制了世界上最早的一辆能行驶在铁路上的蒸汽机。但是,当时的这辆机车简陋、笨重,行进起来速度缓慢,震动得很厉害,甚至速度比马车还要慢。面对嘲笑与异议,斯蒂芬森没有气馁,他坚信火车一定比马车跑得快。挫折是暂时的,他继续努力,经过一系列的探索与革新,终于造出了一辆更先进的蒸汽机车。1825年,在4万名观众的注视下,随着一声激昂的汽笛声,一台机车启动了。机车后面拖着12节煤车,另外还有20节车厢,车厢里还坐着450名旅客。火车出发时,有一个好胜的人骑着快马与火车比速度,结果被火车远远地甩在了后面。如今,火车已从蒸汽机车、内燃机车发展到电力机车,速度越来越快,而人类并不满足于此。今天,京沪高速铁路开通运营,标志着我国已经全面掌握了高速铁路的各项技术。

从火车发展的历史中我们可以看到:新生事物是不可战胜的,它符合客观规律,代表了事物发展的方向,具有强大的生命力和广阔的发展前途。但同时,新事物的发展不是一帆风顺的,前进道路上总是充满了曲折与挫败,不可能是笔直的直线前进。但它们毕竟蕴含着无限的生命力和活力,有着巨大的向上的力量。这种力量不可遏止,这是历史的趋势。

2017年6月25日,中国标准动车组被正式命名为"复兴号",26日在京沪高铁正式双向首发。9月21日"复兴号"正式以每小时350千米的速度运营。2018年4月10日起,京沪高铁再次提速,两地之间最短仅需4小时18分钟!

三、用发展的观点看问题

既然整个世界是一个无限变化和永恒发展的过程,任何事物都是运动发展的,那么,我们就必须坚持用发展的观点看问题,不能静止地看待事物,要把事物如实地看成是一个变化发展的过程。这样,才能使我们的思想符合不断变化着的客观实际。

1. 坚持在"过程"中认识事物

第一,不能孤立静止地看待事物,要把事物如实地看成是一个变化发展的过程。任何事物都有一个变化发展的过程,都有其过去、现在和将来,因此,我们观察、认识事物,不但要了解它的过去,认识它的现状,还要预测它的未来。特别是不能割断事物的历史看问题,也不能不着眼于未来看现状。

第二,要弄清事物在其发展过程中所处的阶段。在立足于事物的发展全过程看问题的同时,还应该具体认识事物当前所处的阶段,明确事物存在的问题的来源、在发展过程中所处的地位等情况,把握阶段性的目标和任务,分阶段地解决问题。

 阅读思考

中华人民共和国成立以后,虽然取得了经济建设的巨大成就,但是新中国经济建设是从旧中国一穷二白的基础上起步的,加上人口众多,人均资源相对短缺,地区发展很不平衡,我国的生产力水平还远远落后于发达资本主义国家。因此,我们当前的社会主义是不发达的社会主义,是社会主义的初级阶段。但在1978年党的十一届三中全会前,由于没有清醒地看到我国的基本国情,没有科学地判断我国社会主义所处的发展阶段,导致了实践上"大跃进"、人民公社化运动和"文化大革命"的两大错误,给社会主义建设带来了重大损失。

十九大报告指出,经过长期努力,中国特色社会主义进入了新时代,这是我国发展新的历史方位。我国社会主要矛盾已经转化为人民日益增长的美好生活需要和不平衡不充分的发展之间的矛盾。这是关系全局的历史性变化,对党和国家工作提出了许多新要求。我们要在继续推动发展的基础上,着力解决好发展不平衡不充分问题,大力提升发展质量和效益,更好地满足人民在经济、政治、文化、社会、生态等方面日益增长的需要,更好地推动人的全面发展、社会全面进步。但我国社会主要矛盾的变化,没有改变我们对我国社会主义所处历史阶段的判断,我国仍处于并将长期处于社会主义初级阶段的基本国情没有变,我国是世界最大发展中国家的国际地位没有变。

可见,准确认识社会主义在其发展过程中所处的阶段,是党制定一切路线、方针、政策的出发点,也是推进社会主义事业发展的出发点。

请你说说,为什么我国进入全面建成小康社会的决定性阶段,仍需加强社会主义和谐社会建设。

第三,树立创新意识,促进事物的变化发展。事物运动、变化、发展是必然的,因此,我们要破除因循守旧的观点,不断创新,推进事物发展的进程。当然,创新和推动发展都应该符合事物发展的自身规律,只有这样才能推进科技进步,提高文明程度,加快社会发展的进程。

2. 正确掌握"质""量"互变的规律

第一,重视量的积累。"万丈高楼平地起",要想成就伟大的事业,就要脚踏实地、从小事做起,要实现人生的宏伟目标,必须坚持"千里之行,始于足下",从每天的行动做起。这样才能实现由量变到质变的飞跃。这就要培养自己踏实勤奋、埋头苦干的精神,而不能好高骛远,做脱离现实的空想家。一旦时机成熟,就要善于抓住时机,更要坚决果断,以无私无畏、勇于进取的精神,大胆突破"度"的限制,实现人生质的飞跃,把事物推向新的发展阶段。

第二,做事要保持适度的原则。度是事物由量变走向质变的临界点。要使事物保持质的稳定,就要把量变控制在一定范围内,不能超过临界点。适度的原则是唯物辩证法关于质量互变原理的生动体现。

 阅读思考

从2005年7月1日起,国家颁布的凭处方购买抗生素的规定正式实施,除了小檗碱和一些外用非处方抗菌药外,其他抗生素均需凭医师处方购买使用。这标志我国滥用抗生素时代逐渐走向终结。专家认为,凡超时、超量、不对症使用或未严格规范使用抗生素,都属于抗生素滥用。滥用抗生素的危害很大,主要有以下两个方面:

首先表现为药物的毒副作用对人体的危害。长期、反复不按规则使用抗生素会导致人体菌群失调和继发感染,对人的听力、肝、肾等产生危害,还会产生过敏和毒性反应。如链霉素、卡那霉素可引起眩晕、耳鸣、耳聋;庆大霉素、卡那霉素、万古霉素可损害肾脏;红霉素、林可霉素、多西环素可引起厌食、恶心、呕吐、腹痛、腹泻等胃肠道反应等。

其次是长期使用抗生素，会使身体的病菌产生耐药性，一旦病重时再用，效果就大受影响。以对甲氧西林耐药的葡萄球菌（MR-SA）为例，20世纪80年代初，95%有效；1985年，有效率下降了20%；到1996年，72%无效；现在基本没用。20年前抗菌药环丙沙星开始在临床上应用，当时被证明是副作用小、治疗效果好的药品，但现在环丙沙星对60%以上的病人失去作用。

可见，在用药中掌握"适度"原则，防止药物滥用非常重要。

请你说说青少年在使用手机问题上应如何保持适度的原则。

3. 正确看待"前进性"和"曲折性"的关系

事物发展总是前进性和曲折性相统一的，其基本方向是向前的、向上的，但具体道路是曲折的、迂回的。看不到事物发展的前进性，我们就会丧失信心，失去动力。同样，看不到事物发展的曲折性，我们也会丧失耐心，缺乏韧劲。因此，我们既要相信"明天会更好"，同时也要充分做好"不经历风雨，怎能见彩虹"的思想准备。

第一，满腔热情地支持新事物，推动社会的发展。判断和识别新旧事物不能只以出现时间上的先后为依据，也不能以事物外在形式或表现上是否新奇为依据，更不能以暂时的力量强弱为依据。要紧紧抓住其本质特征，即是否符合事物发展的规律和历史发展的趋势。对于真正的新事物，我们要主动热情地去支持。

 资料卡片

电子商务一般来说是指利用电子信息网络等电子化手段进行的商务活动，是指商务活动的电子化、网络化。电子商务可以减低交易成本，增加贸易机会，简化贸易流程，提高生产率，改善物流系统，是一种改进传统商务活动的新形式，是一个新的市场。在经济全球化和信息化的时代，电子商务正对各国经济社会发展产生深刻影响，将引发一系列重要变革。

电子商务作为一种新生事物，近年来在我国发展迅速，人们对它的认识也还在不断深化。当人们问及我国目前最大的电子商务企业阿里巴巴起步时，为什么选择了当时并不被人看好的电子商务领域，总裁马云这样解释道："当时我的职业是英语教师，我经常去夜校教书，夜校里学英语的学生大多是在外贸公司或外企工作的，他们最大的困惑就是如何将商品卖到国外去。另外，江浙一带有大量的中小型企业，这些企业天天都想着如何做生意发财。我就想，要是网络能够帮助这些企业腾飞，那么前景将是非常广阔的。至于究竟怎么去做，当时谁也不知道，也没有经验，但我始终认为，没有人懂，没有前人的经验，没

有历史,这不是坏事,而是挑战与机遇,在这一领域竞争的人就少了,我们可以去探索,去摸索经验,成为专家,创造历史。于是就开始了自己创办电子商务企业的创业过程。"

第二,冷静客观地看待挫折和失败,提高自身的"耐挫力"。新事物在发展过程中不可能都很顺利,必然会遇到各种各样的困难。如果我们没有战胜困难的信心和决心,那么就会半途而废,功亏一篑。挫折是发展中经常出现的情况,没有挫折也就不可能获得成功。

哲理故事

2001年2月19日,被誉为"杂交水稻之父"的袁隆平院士获首届"国家最高科学技术奖",但他的成功经历了无数的困难和失败。

在1964年到1965年两年的水稻开花季节里,袁隆平和助手们每天头顶烈日,脚踩烂泥,低头弯腰,终于在稻田里找到了6株天然雄性不育的植株。1968年,忙碌地进行着水稻雄性不育性研究的袁隆平遇到了这样一件事情。那年春天,那些躲藏在臭水沟里大难不死的秧苗,经过他们的反复繁殖,已经发展成为两分地的实验田。秧苗插下去半个多月,两名助手因故暂时离开了学校,田间管理、观察记录由袁隆平一人照管。

5月19日,星期天,袁隆平匆匆吃过早餐,骑上自行车去实验田。来到田边,眼前的景象使他大吃一惊:昨天傍晚还好端端的秧苗,只过了一夜就全部被拔光了,实验田里布满了乱七八糟的脚印。天哪,经过两年多努力,流了多少汗水,用捡来的几根秧苗培育出来的这些实验材料,再次遭到了灭顶之灾!

袁隆平只觉得脑子里"轰"的一声,浑身发抖,两眼发直,感到天旋地转。实验材料再一次被毁,杂交稻的研究难道就这样被断送掉?在泥地里呆坐了许久,他回过神来,含着泪水,忍着悲愤,走进烂泥巴田里,深一脚浅一脚地寻找劫后余生的秧苗。在田埂边的污泥里,他发现了半埋着的五根秧苗,就连泥带根把它们抱回家,插在试验盆里。

袁隆平不甘心,还在四处寻找失踪的秧苗。事发后的第四天,他在一口井里发现了一些浮在水面的秧苗,捞上几根一看,果然是他的实验秧苗。他不顾井深水冷,"扑通"一声跳下井去,可是无法捞到沉到井底的秧苗。领导派人抬来了抽水机,把井水抽干,捞出了井底的秧苗,但已经全部沤烂了。

面对这个现实,袁隆平万分痛心,却一如既往地悉心照料着那几根抢救出来的秧苗。沉重的打击,丝毫动摇不了他继续从事杂交水稻研究的决心。但此后的6年时间,袁隆平和助手们先后用1 000多个品种,做了3 000多个杂交组合,仍然没有培育出不育株率和不育度都达到100%的不育系来。

直到1970年11月23日,袁隆平在海南岛的普通野生稻群落中,发现了一株雄花败育株,这给杂交稻研究带来了新的转机。此后,经过漫长和艰辛的研究,1972年,袁隆平选育成了中国第一个应用于生产的不育系二九南1号。1974年又育成了中国第一个强优势杂交组合"南优2号",攻克了"优势关"。1975年攻克了"制种关",获得了杂交水稻研究的新突破。

袁隆平培育杂交水稻的事例说明,任何事物的发展都要经过曲折的过程,任何成功的背后都是无数个困难和失败!

第三节 事物发展的根本原因

牛顿被誉为人类历史上最伟大的科学家之一。他的万有引力定律在人类历史上第一次把天上的运动和地上的运动统一起来,为日心说提供了有力的理论支持,使得自然科学的研究最终挣脱了宗教的枷锁。但当他遇到难以解释的天体运动时,竟错误地提出了"上帝的第一推动力"。他说:"重力可解释行星的运行,但不能解释谁使行星运行。上帝治理万物,知道一切可做或能做的事。"那么,事物运动、发展的根本原因是什么呢?要回答这个问题,我们就要理解"矛盾"这个概念。这也就涉及了唯物辩证法最核心和实质的问题,即对立统一规律。

一、矛盾及其属性

唯物辩证法所指的矛盾是指事物之间或事物内部诸要素之间所包含的既相互排斥、相互对立,又相互依赖、相互统一的关系,即对立统一关系。对立和统一是矛盾的两个根本属性,矛盾的对立属性称作斗争性,矛盾的统一属性称作同一性。矛盾的同一性、斗争性及其相互关系,是对立统一规律的基本内容。

1. 矛盾的同一性

矛盾的同一性是指矛盾双方内在的、不可分割的联系,体现着对立面之间相互吸引、相互转化的性质和趋势。它包含两个方面的含义。

其一,矛盾双方相互依存,互为条件,共处于一个统一体中。任何矛盾的对立双方都不能单独存在,而是在一定条件下,各以自己的对立面作为自己存在的前提;如果没有对方,它自己也将不会存在。

阅读思考

一块磁铁总有南北两极,这两极总是不可分割地联系着,即使将它切断、打碎,它仍然是南北两极同时存在,要想得到只有南极而没有北极或者只有北极而没有南极的单极磁是不可能的。如果把它的一极磁性消除了,那么它的另一极磁性也将同时消失。因此,"没有上,就没有下","没有左,就没有右","没有正数,就没有负数","没有化合,就没有分解"。俗话说"不是冤家不聚头",说的正是矛盾的同一性问题。

你能说说"有无相生,难易相成,长短相形,高下相倾,前后相随"是什么意思吗?

其二,矛盾双方相互贯通,在一定的条件下,向着自己的对立面转化。矛盾的相互贯通表现为相互渗透、相互包含和相互转化。矛盾着的每一方都包含和渗透着对方的因素和属性,此中有彼、彼中有此。正因为如此,在一定条件下,对立面可以互相转化。

哲理故事

东汉刘秀即位为光武帝后,派大将冯异率军西征,镇压赤眉军。赤眉军采用伴败之计,在回溪之地大破冯军。冯异败回营寨后,重召散兵,派人混入赤眉军,然后内外夹攻,在崤底之地大破赤眉军。事后,汉光武帝刘秀下诏褒奖他,说冯异初虽在回溪失利,但终能在渑池获胜,可谓在此先有所失,后在彼终有所得,当论功行赏,以表战功。这就是成语"失之东隅,收之桑榆"的由来。其实,这个事例说的是有时看起来是一件不好的事情,但只要处置得当,是可以向好的方面转化的。成功和失败在一定的条件下是会转化的。

2. 矛盾的斗争性

矛盾的斗争性是指矛盾双方相互排斥、相互否定的属性,体现为双方相互分离的倾向和趋势。互相否定、互相反对、互相限制、互相竞争、互相批评等都属于矛盾的斗争性。在自然界中,物理运动中的吸引与排斥,化学运动中的化合与分解,生物运动中的同化与异化、遗传与变异等;在社会领域中,敌对阶级间残酷的阶级斗争,战场上你死我活的拼杀,日趋激烈的商业市场争夺战,各执一词的学术争鸣,等等,都是矛盾斗争的表现形式。

资料卡片

在一个生物有机体中同时包含着遗传与变异两个方面。在繁殖过程中,生物体把自己的特性传递给后代,叫"遗传";同时也会产生与自己不同的后代,叫"变异"。通过遗传把生物体适应环境的特性保留下去,同时通过变异产生新的特性以应付环境的变化或适应新的环境。

现在,世界上存在的大约1 000万种生物都以相同的方式储存遗传信息。而几十亿年前,它们可能来源于同一类生物,长期的变异和隔离,使生命变得千姿百态。遗传和变异过程把世界上所有的生物联系起来:一端是过去,追溯同一个源头,有着共同的祖先;另一端是未来,将不断产生分支,在不同条件下沿着不同的方向延伸。每一个分支点都是由变异或地理隔离(生殖隔离)引起的。

3. 矛盾就是对立与统一

矛盾的同一性与斗争性是矛盾的两种属性,这两种属性本身是辩证统一的。一方面,矛盾的同一性和斗争性相互区别。同一性与事物的稳定性相联系,斗争性同事物的变动性相联系。另一方面,矛盾的同一性和斗争性又相互依存。同一性与斗争性分别是对方存在的前提,同一是对立中的同一,斗争是同一中的斗争,矛盾的斗争性与同一性相互依存,共处于一个矛盾统一体中。矛盾总是既具有同一性,又具有斗争性,失去了任何一方,矛盾都不会成其为矛盾。

核电站是一种高能量、少耗料的电站。以一座发电量为100万千瓦的电站为例,如果烧煤,每天需耗煤7 000~8 000吨,一年要消耗200多万吨。若改用核电站,每年只消耗1.5吨裂变铀或钚,一次换料可以满功率连续运行一年,能大大减少电站燃料的运输和储存问题。此外,核燃料在反应堆内燃烧的过程中,还能产生出新的核燃料。核电站基建投资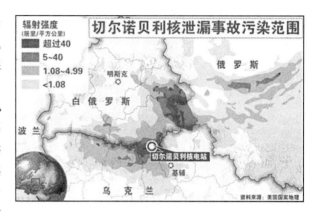高,但燃料费用较低,发电成本也较低,并可减少污染。但核能电厂会产生高低阶放射性废料,或者是使用过的核燃料,虽然所占体积不大,但因具有放射性,故必须慎重处理。

1986年4月26日当地时间1点24分,苏联的乌克兰共和国切尔诺贝利核能发电厂发生严重泄漏及爆炸事故。事故导致31人当场死亡,上万人由于放射性物质远期影响而致命或重病,至今仍有被放射线影响而导致畸形胎儿的出生。这是有史以来最严重的核事故。由于风向的关系,据估计约有60%的放射性物质落在白俄罗斯的土地上。因事故而直接或间接死亡的人数难以估算,且事故后的长期影响到目前为止仍是个未知数。

这个事例说明,核能对人类而言是既有利又有弊,两者是相互结合在一起,不可分割的。人们只能采用科学的防护方法来实现趋利避害,而无法改变核燃料对人体作用的性质。

二、矛盾是事物发展的动力

矛盾不仅反映了事物内部的本质联系,而且揭示了事物发展的动力和源泉,即事物发展的根本原因在于事物内部的矛盾,矛盾对立的双方既统一又斗争,共同推动着事物向前发展。

1. 矛盾推动事物不断发展

矛盾的同一性在事物发展中具有重要作用。首先,矛盾的同一性使矛盾双方互相依存,联结成一个统一体,保持着事物的相对稳定。这是事物存在的前提,没有矛盾双方的相互依存,就没有事物,事物的发展也无从谈起。其次,矛盾的双方相互渗透,相互利用,促进事物的发展。矛盾的双方相互包含对方中有利于自己的因素,利用对方中对自己有利的东西,促进自身的发展。矛盾双方变化和发展了,必然引起整个事物的发展。再次,矛盾的相互转化,决定着事物发展的基本趋势。事物发展的基本趋势是走向自己的反面。事物的发展之所以走向自己的反面,正是由于事物内部矛盾双方的相互转化引起的。比如战争转化为和平,和平转化为战争;成功转化为失败,失败转化为成功;如此等等。

阅读思考

随着社会的进步,现代人更懂得自觉地运用矛盾的规律去分析处理问题。两个公司进行贸易谈判,双方总会从大局出发,妥善地处理好双方的矛盾,或做出相应的让步,或给予对方一定的优惠,从而使谈判获得成功,达到双赢的目的。如果不懂得矛盾的规律,双方很可能是据理力争,只强调矛盾的斗争性,忽视了矛盾的同一性,结果很可能是两败俱伤,不欢而散。因此,合作的前提是求同存异。

你是如何理解"宽容、忍让"在生活中的作用的?

矛盾的斗争性在事物发展中的作用也体现在两个方面。其一,矛盾双方经过斗争,使矛盾双方力量的对比发生变化,从而促进双方地位的转化,促进了旧事物的灭亡和新事物的产生。比如剥削阶级和被剥削阶级的斗争,经过长期斗争,被剥削阶级在政治上、思想上、组织上越来越成熟,越来越壮大;剥削阶级由于其本性,越来越衰朽,最后导致被剥削阶级夺取政权,建立新社会。其二,矛盾的斗争性冲破事物存在的界限,促使旧的矛盾统一体的破裂和新的矛盾统一体的产生,推动事物的发展。没有斗争就没有进步和发展。

矛盾的同一性和斗争性是一个矛盾的两个方面,不可分割,两者更不能单独存在,而是共同起作用的。因此,我们不能片面强调一方,忽视另一方。

2. 事物发展的内在根据和外部条件

任何事物都存在着内部矛盾和外部矛盾。内部矛盾是事物存在和发展的内在根据,我们称之为事物发展的内因;外部矛盾是事物存在和发展的外部条件,我们称之为事物发展的外因。任何事物的发展都是内外因共同作用的结果。

首先,内因是事物发展的根据,是第一位的原因。事物的内部矛盾是事物存在的深刻基础,是一事物区别于他事物的内在根据,它不仅提供了事物自己运动的内在动力,而且规定着事物发展的方向。因此,任何发展都是事物基于自己内部矛盾运动的结果。

哲理故事

东汉时候,有个人名叫孙敬,是著名的政治家。开始由于知识浅薄得不到重用,连家里人都看不起他。他大受刺激,下决心认真钻研,经常关起门,独自一人不停地读书。每天从早到晚读书,常常是废寝忘食。读书时间长,劳累了,还不休息。时间久了,疲倦得直打瞌睡。他怕影响自己的读书学习,就想出了一个特别的办法。古时候,男子的头发很长。他就找一根绳子,一头牢牢地系在房梁上。当他读书疲劳时打盹了,头一低,绳子就会牵住头发,这样就会把头皮扯痛,马上就清醒了,然后再继续读书学习。这就是孙敬"悬梁"的故事。

战国时期,有一个人名叫苏秦,也是出名的政治家。在年轻时,由于学问不多不深,在好多地方做事都不受重视。回家后,家人对他也很冷淡,瞧不起他。这对他的刺激很大。所以,他下定决心,发奋读书。他常常读书到深夜,很疲倦,常打盹,直想睡觉。于是他想出了一个方法,准备一把锥子,一打瞌睡,就用锥子往自己的大腿上刺一下。这样,猛然间感到疼痛,使自己清醒起来,再坚持读书。这就是苏秦"刺股"的故事。

后人用"悬梁刺股"这个成语,用来比喻发奋读书、刻苦学习的精神。这说明,人的进步成长最重要的关键还在于自己刻苦努力。因为,内因是事物发展的根据,是第一位的原因。

其次,外因是事物变化发展的条件,是第二位的原因。尽管内因是事物发展的根据和第一位的原因,但我们不能忽视外因在发展中的作用。它是事物存在和发展的必要条件,在一定的条件下发挥着重要的、不可缺少的作用。这些条件对事物发展的作用依具体情况不同而不同。一般而言,外因只能加速或延缓事物发展的进程,但在一定条件下,外因可以对事物发展起重要的作用。

哲理故事

战国的时候,有一个伟大的思想家孟子。孟子小的时候非常调皮,他的妈妈为了让他受到良好的教育,花了好多的心血。有一次,他们住在墓地旁边。孟子就和邻居的小孩一起学着大人跪拜、哭嚎的样子,玩起办理丧事的游戏。孟子的妈妈看到了,就皱起眉头:不行!我不能让我的孩子住在这里了!于是就带着孟子搬到市集旁边去住。到了市集,孟子又和邻居的小孩学起商人做生意的样子,一会儿鞠躬欢迎客人,一会儿招待客人,一会儿和客人讨价还价,表演得像极了!孟子的妈妈知道了,又皱皱眉头:这个地方也不适合我的孩子居住!于是,他们又搬家了。这一次,他们搬到了学校附近。孟子开始变得守秩序、懂礼貌、喜欢读书。这个时候,孟子的妈妈很满意地点着头说:这才是我儿子应该住的地方呀!

这就是"孟母三迁"的故事。这个故事告诉我们,外因在事物发展中也是不可忽视的因素。

再次,外因通过内因起作用。外因对事物发展有着重大作用,有时甚至能引起事物性质的变化。但不管外因的作用有多大,都必须通过内因起作用。

阅读思考

苏州是著名的历史文化名城。苏州人爱"老字号",是因为老字号在某种程度上提升了这座历史名城的文化氛围;也有人"恨""老字号",只是这种"恨"多了几分"恨铁不成钢"的味道,觉得老字号的进取意识不够强。"走进一家老字号馄饨馆,又脏又破,几张桌子摆在中间,感觉很没有档次。都几十年了,老字号这样的经营方式怎么就没随时代发展改变过?"苏州市民向记者发出了这样的感慨。

曾几何时,鳞次栉比的老字号店铺奠定了观前街商业辉煌的基础。然而今天,有的老字号丢失了内涵,有的只剩下一个招牌,有的则是彻底淡出了人们的视线。面对日新月异的市场,部分老字号不进则退,患了"老龄综合征",设施、人员、观念、服务老化。例如,一家老字号企业为了使产品满足现代人的口味,打算引进全新的自动化生产设备。但是,店内的一些早已习惯多年来准手工操作的"老法师"却打心眼里不能接受,引进设备的计划为此一度搁浅。此外,由于不少老字号一直是劳动密集型企业,产品附加值、技术含量都比较低,导致产品竞争力下降,逐渐让出市场份额。

请你用内外因关系的原理,说说"老字号"如何才能获得新生。

三、用矛盾的观点看问题

矛盾就是对立统一,整个世界充满了矛盾。事物就是矛盾,差异就是矛盾,没有矛盾就没有世界,矛盾存在于一切事物并贯穿事物发展的始终。因此,矛盾无处不在,无时不在,这就是矛盾的普遍性。但不同事物的矛盾又是具体的、特殊的,都有自己的特点,这就是矛盾的特殊性。矛盾既有普遍性,又有特殊性,就是说其既有共性又有个性。因此,用矛盾的观点看问题就要坚持"两点论"和"重点论"的统一,学会具体问题具体分析。

1. 坚持矛盾的普遍性,掌握"两点论"

无论是自然界、人类社会,还是思维领域都存在着矛盾。在自然界中,机械运动包含了连续性和间断性、作用力和反作用力、离心力和向心力的矛盾;化学运动包含了化合和分解、酸性和碱性、阳离子和阴离子的矛盾。在认识领域,也存在着理论和实践、主观和客观、真理和谬误的矛盾,等等。

既然矛盾具有普遍性,世界上的任何事物内部都具有相互对立的两个方面,并且它们一直伴随事物发展的始终,那么,我们就要从事物相互对立的两个方面去看问题,认识到事物的不同方面。在看到事物对立、差别的同时,又要看到联系、一致的方面,掌握在"对立"中把握"同一",从"同一"中把握"对立"的方法,即"一分为二"的"两点论"的方法。

 阅读思考

近年来,粗粮被"炒"得很热。热,似乎有其"热"的理由。粗粮对人体的功效源于其所含的膳食纤维。在食物越来越精细,膳食纤维的摄入量呈现逐渐减少趋势的今天,注意增加粗粮,补充膳食纤维,对防治肥胖症、糖尿病、高脂血症等是有其现实意义的。然而,吃粗粮是一把"双刃剑",如果不加控制地超量摄取,不仅难以起到维护健康、防治疾病的作用,相反,还可能造成诸多的问题。大量进食粗粮,可能使胃肠道"不堪重负",造成腹胀、早饱、消化不良等;可能影响钙、铁、锌等元素的吸收;可能降低蛋白质的消化吸收率。尤其对糖尿病患者,一次性大量进食粗粮,可能发生低血糖反应。

因此,我们在充分认识粗粮益处的同时,还应清醒地认识到进食粗粮并非"多多益善"。科学的做法是粗细搭配,一般的比例为粗粮1份加3至4份细粮。这样既能发挥粗粮的功效,又避免粗粮进食过多产生不良反应。可见,"一分为二"看问题对我们学习、生活和工作都很有帮助。

那么，请你也用"一分为二"的观点谈谈如何正确看待"网络"对社会生活的影响。

2. 坚持矛盾的特殊性，掌握"重点论"

矛盾不仅是普遍的，而且不同事物的矛盾又是具体的、特殊的。矛盾的特殊性是指不同事物和过程的矛盾及其各个方面，都有自己的特点，它是世界上的事物之所以千差万别的内在原因或根据。因此，要学会从矛盾的特殊性出发，具体问题具体分析。

第一，不同事物的矛盾有不同的特点。这就要求我们做事情首先要分清不同的事物，明确事物不同的特点。具体把握不同事物的特征，是做好事情的前提条件。"因地制宜""入乡随俗""到什么山唱什么歌""一把钥匙开一把锁"等，说的都是这样的道理。

哲理故事

"对症下药"是医生治病救人时必须遵循的原则，只有做到对症下药，才能做到妙手回春，药到病除。我国古代名医华佗医术高超，妙手回春，就是因为他看病善于对症下药。据《三国志》记载：有一次，他遇到两个病人，一个叫倪寻，一个叫李延。两人都说头痛和发烧，不适的感觉也相同。华佗经过仔细诊察二人的病情后，却开了不同的药方，给倪寻开的是通导药，给李延开的却是发散剂。当时有人问他，两个人患有同样的病，为什么却给不同的药吃呢？华佗回答说："他俩的病症虽然相像，但病因不同。倪寻的病是由于伤食所致，身体外部没有病，所以用泻药；李延的身体内部没有病，病是由外部感冒引起的，所以用发汗药。"两人吃了药，第二天果然都好了。后来，人们称赞华佗这种治疗方法叫"对症下药"。

可见，区分不同的矛盾是科学认识事物的前提。

第二，同一事物的矛盾在其发展的不同阶段各有不同的特点。同一种物质运动形式、同一事物在其发展的过程中要经历若干发展阶段，各个阶段之间都存在着差别。因此，要区别对待，不能僵化地对待事物，要学会与时俱进，历史地、发展地看待事物。

第三，矛盾的特殊性还表现为矛盾的双方也各有其特点。具体表现为主要矛盾和次要矛盾、矛盾的主要方面和矛盾的次要方面的区别。主要矛盾是指在一个由多种矛盾构成的矛盾体系中，有一种矛盾，它的存在和发展，规定或影响着其他矛盾的存在和发展，这种处于支配地位、对事物发展起着决定作用的矛盾，我们称它为主要矛盾。除此之外的其他矛盾，就属于次要矛盾。矛盾的主要方面是指在一对矛盾中起主导作用的、处于支配地位、决定事物性质的方面。而处于被支配地位、服从地位的方面叫矛盾的次要方面。

首先，要学会抓住事物的重点。主要矛盾决定事物的发展过程，因此我们在看到事物的不同矛盾的同时，也应该善于分辨哪个是主要矛盾，哪些是次要矛盾，然后集中力量解决主要矛盾。这就抓住了认识问题、解决问题的重点和关键。我们常说的"牵牛要牵牛鼻子""擒贼先擒王"，说的就是这个道理。

当然，次要矛盾也不可以忽视，主要矛盾与次要矛盾是相互联系、相互影响的，在一定条件下，矛盾双方的地位是可以相互转化的。因此，我们在集中力量解决主要矛盾的同时,还要统筹兼顾,全面安排,处理好次要矛盾,不然就会因小失大。次要矛盾处理得好,可以为主要矛盾的解决创造条件;处理得不好,则会给主要矛盾的解决增加困难。

资料卡片

我国当前之所以产生诸多环境和资源问题,其原因是多方面的,如人口持续增长和经济迅速发展对资源消耗的刚性需求;科技落后导致对资源利用水平比较低;只追求经济的高速增长而忽视了环境的保护;等等。但根本的原因还在于我们经济增长的方式没有摆脱粗放型的发展模式。所谓经济增长方式,通俗地说就是为了实现经济增长而采取的手段、措施和具体做法。粗放型的增长方式主要通过扩大投资规模、过多依靠各种资源的大量消耗去实现经济的快速增长。由此导致效率依然不高、效益相对低下和环境压力明显加大,以及发展本身的不可持续性。而调整和优化经济结构是转变经济增长方式的主要途径和重要内容。

可见,粗放型的经济增长方式是引发我国环境和资源问题的主要矛盾,而不合理的经济结构又是粗放型经济增长方式中矛盾的主要方面。我们只有抓住主要矛盾和矛盾的主要方面,才能快速有效地解决问题。

因此,我们在学习、工作和生活中,都应学会统筹兼顾,适当安排,学会"弹钢琴"。要防止认识事物和处理问题时不分主次,"眉毛胡子一把抓",甚至做出"捡了芝麻,丢了西瓜"的不明智之举。抓不住中心和只抓中心都是片面的。

其次,看问题要分清主流和支流。任何矛盾都具有两个方面,这两个方面的力量对比是不同的,其中一方属于主要方面,另一方属于次要方面。事物的性质是由处在支配地位的矛盾的主要方面决定的,因此,把握了矛盾的主要方面就意味着抓住了事物的根本性质,也就抓住了事物发展的主流。矛盾的主要方面和次要方面既相互区别,又相互联系、相互影响,在一定条件下还会相互转化。因此,矛盾的次要方面,即事物发展的支流,同样也不能忽视。分清主流和支流,抓住主流,又不忽视支流,对于我们认清事物的性质,正确认识和估量形势有着重要的指导意义。

 阅读思考

我国近40年改革开放的成果是有目共睹的,经济高速腾飞,社会飞速发展,科技不断进步,综合国力明显提高,国际地位也不断提升,"以经济建设为中心""发展是第一要务"的观念已经成为全国人民的共识。但同时,我们也应看到,在注重经济发展的同时,社会的全面进步还存在着差距,甚至出现了一些社会问题,如贪污腐败、社会诚信缺失、环境破坏严重、西方腐朽思想的入侵等。但这些问题只是局部的,不是改革开放的本质特征。当然,对于这些问题,我们要引起高度重视,要想办法加以解决。

请你说说为什么在注重经济建设的同时,还要加强精神文明建设。

 思考与练习

一、单项选择题

1. 人们常说"瑞雪兆丰年",这一说法 （　　）
   A. 否认了联系的客观性,是毫无根据的猜测
   B. 反映了农业生产与气候、环境的密切联系
   C. 认为农业收成的好坏是由上天决定的
   D. 降雪和农业丰收之间的联系是人们的主观臆造

2. 在改革和建设这些重大问题上,我们必须树立"全国一盘棋"的思想。这体现了
   （　　）
   A. 全局和局部的关系　　　　　　B. 事物是客观存在的
   C. 主观必须符合客观　　　　　　D. 整体功能大于部分功能之和

3. "一趾之疾,丧七尺之躯;蝼蚁之穴,溃千里之堤。"其包含的哲理是 （　　）
   A. 量变是质变的前提,质变是量变的必然结果
   B. 只要有量变,必然有质变
   C. 符合"适度"原则
   D. 内因推动了事物的发展

4. "金无足赤,人无完人。"这句话体现了 （　　）
   A. 对任何事物都要坚持"一分为二"　　B. 抓重点、抓主流
   C. 具体问题具体分析　　　　　　　　D. 正确对待客观事物

5. "近朱者赤,近墨者黑。"这句话体现了 （　　）
   A. 外因作为事物发展的条件是可有可无的
   B. 内因是事物变化的根本原因

C. 内因通过外因起作用
D. 外因作为事物发展的条件不可忽视

二、多项选择题

1. 20世纪90年代初,当建立社会主义市场经济体制刚刚提出时,有许多人表示不理解,甚至反对,姓"社"姓"资"的争论一度干扰了改革开放的进程。随着改革开放取得丰硕成果,实践证明了建立社会主义市场经济体制是我国经济体制改革的目标。这一过程说明 （   ）
A. 社会主义市场经济体制的建立经历了曲折的过程
B. 社会主义市场经济体制的建立是从不完善到逐步完善的过程
C. 社会主义市场经济体制被广大人民认识和理解需要一个过程
D. 任何事物的发展都是前进性和曲折性的统一

2. 下面关于事物变化和发展的理解,正确的有 （   ）
A. 发展是变化,是新事物的产生和旧事物的灭亡
B. 发展就是变化,变化就是发展
C. 发展是指事物具有前进性、上升性的变化
D. 发展是变化,变化不一定是发展

3. 下列包含矛盾观点的有 （   ）
A. 失败是成功之母　　　　B. 刻舟求剑
C. 居安思危　　　　　　　D. 夜郎自大

4. "扬汤止沸"不如"釜底抽薪"。这一说法体现的道理是 （   ）
A. 矛盾双方的地位是平等的,所起的作用是一样的
B. 办事情要善于抓重点
C. 只要解决问题,不必考虑什么是重要的,什么是次要的
D. 集中力量解决主要矛盾是做好工作的关键

5. 木材着火,可以用水来灭火;油着火,可以用黄沙来灭火;电器着火,必须先切断电源再灭火。这说明 （   ）
A. 具体问题具体分析,一切从实际出发
B. 要善于把握矛盾,进行针对性分析
C. 矛盾着的事物及每一个侧面各有其特点
D. 事物就是矛盾,矛盾都是一样的

三、辨析题(判别正误并说明理由)

1. 世界上的万物之间都存在着联系,因此,从人的手相、血型来推测人生是有科学依据的。
2. 严师出高徒,这就是内因的决定作用。
3. 矛盾是事物发展的动力,因此矛盾越多越好。

四、简述题

1. 认识事物的时候,为什么要树立整体观和全局观？其基本要求是什么？
2. 为什么对事物的发展而言,"前途是光明的,道路是曲折的"？

3. 用发展的观点看问题的基本要求是什么?
4. 为什么说"矛盾是事物发展的动力"?
5. 简要说明事物发展过程中内因和外因的关系。
6. 如何依据矛盾的特殊性正确认识事物?

 探究与实践

克隆分为四个层次:微生物或细胞克隆、植物克隆、动物克隆和人的克隆。人类现今已经涉足前三个层次,第四个层次由于涉及人类自身而引起了社会的广泛关注。其中对人的克隆又分为生殖性克隆和治疗性克隆。

有的人认为:科学无禁区,技术发展阻挡不住,克隆人有助于解决某些现存的医学问题。历史上几乎每一次科学的重大进步,都引起过人类的忧虑、担心和恐惧,但随着时间的推移,人类都已平静接受。历史也证明,人的智能可以解决克隆人可能带来的各种社会问题。

有的人认为:克隆人不可能一下子取得最后的完满成果,把人当作一个实验品来做,本身不符合人类自己的利益。从长远来看,克隆人是否会给我们整个人类物种的安全带来危害,现在还不清楚。同时,克隆人会面对一系列法律问题,比如说他的遗产继承问题,他的社会归属问题,等等。

运用所学的哲学知识,以"克隆人对人类社会发展有利还是有弊"为题,组织开展小组辩论比赛。

第三章　掌握科学认识事物的方法

　　1590年,在象征权威高高在上的比萨斜塔上,伽利略让两个质量悬殊的铁球同时下落,结果两个铁球同时落地。这个实验推翻了持续1 800年的错误结论,被当作科学史上最著名的实验载入史册。1609年8月21日,在圣马可广场的钟楼上,伽利略展示了能将物体放大9倍的新天文望远镜,在布鲁诺被施火刑的短短几年以后,伽利略便向那些透过望远镜仰望天空的人们揭示这样一个事实:月球表面坑坑洼洼,木星也有自己的卫星,地球没有任何与众不同。伽利略用两个铁球和一台望远镜彻底颠覆了当时人们头脑中的错误认识,也告诉今天的人们:实践出真知,只有掌握了科学认识事物的方法,才能形成对世界的正确认识,从而正确指导我们的行动。

第一节　认识与实践

　　据医学史料记载,17世纪20年代,英国有个医生给一位生命垂危的青年输羊血,奇迹般地挽救了该青年的生命。其他医生纷纷仿效,结果造成了大量受血者死亡,输血医疗手段便被禁止使用。19世纪80年代,北美洲医生给一位濒临死亡的产妇输人血,产妇起死回生。医学界再次掀起输血医疗热,却带来惊人的死亡。直到1901年维也纳医生莱因茨坦发现了人的血型系统,才打开了科学输血的大门。正是医学实践中的成功和失败,才催生了人们对血型和输血的正确认识。可见,认识来源于实践,又在实践中得到检验和发展,因而实践是认识的基础。

一、实践是认识的基础

1. 实践及其特点

实践是人们改造客观世界的一切物质性活动。实践活动是多种多样的,它主要指人们改造客观世界的活动,如农民种田、工人做工、渔民捕鱼、医生治病等。同时,实践活动也包括为改造客观世界而进行的探索性活动,如天文观测、地质勘探、社会调查、科学实验等。实践具有以下三个特点:

首先,实践具有客观物质性。这是由实践的构成要素的客观性决定的。一方面,从事实践的主体是有血有肉的人,实践的手段即实践活动中使用的工具是客观的物质性的工具,实践的对象是客观物质世界的组成部分,实践的结果产生客观的实际效果;另一方面,实践活动的过程及其结果也受到客观事物及其规律的制约,因而也具有客观性。人们在变革客观事物时必然引起客观对象的变化,纯粹的思维活动和精神活动不属于实践活动。

其次,实践具有主观能动性。实践是一种有目的、有意识的活动,在行动之前会有明确的目的和方案,然后才用一定的物质手段去改造客观世界,从而达到自己的目的。在改造自然的实践活动中,人创造出自然中原来没有的新的物质生活资料;在改造社会的实践活动中,人创造出新的社会结构和社会关系。这种有目的的创造活动充分地显示了实践的能动性。实践的目的性、结果的创造性是实践最重要的特征。

 资料卡片

为了充分利用长江的水资源,1992年4月,全国人大通过决议决定兴建三峡工程。整个工程包括一座混凝重力式大坝,泄水闸,一座堤后式水电站,一座永久性通航船闸和一架升船机。三峡工程建筑由大坝、水电站厂房和通航建筑物三大部分组成。大坝坝顶总长3 035米,坝高185米,水电站左岸设14台,左岸12台,共表机26台,前排容量为70万千瓦的小轮发电机组,总机容量为1 820千瓦时,年发电量847亿千瓦时。通航建筑物位于左岸,永久通航建筑物为双线五包连续级船闸及早线一级垂直升船机。

2006年5月20日14时,世界规模最大的混凝土大坝终于在中国长江西陵峡全线建成,总浇筑时间为3 080天。高峡平湖的出现,结束了川江自古不夜航的历史,万吨级船队可直抵重庆。2012年7月4日,三峡工程最后一台70万千瓦巨型机组正式交付投产。至此,经过十多年的安装、调试,世界装机容量最大水电站三峡电站32台机组全部投产,三峡工程发电效益全面发挥。

三峡电站是世界最大水电站,共设有32台70万千瓦的水轮发电机组,总装机容量达到2 250万千瓦。电站的发电机组尺寸和容量大,水头变幅宽,设计和制造难度居世界之最。截至2012年7月4日,三峡电站发电量已累计达到5 648亿千瓦时,相当于从滚滚长江中捞起了近2亿吨标准煤,减排二氧化碳4亿吨、二氧化硫500多万吨。

长江三峡水利枢纽,是当今世界上最大的水利枢纽工程。1994年6月,由美国发展理事会(WDC)主持,在西班牙巴塞罗那召开的全球超级工程会议上,它被列为全球超级工程之一。它不仅将为我国带来巨大的经济效益,还将为世界水利水电技术和有关科技的发展作出有益的贡献;同时也充分地表明了人类实践活动的创造性和客观性。

再次,实践具有社会历史性。实践总是在一定的社会关系中存在,每个人的实践活动不是孤立的个人活动,每一历史阶段上的实践都有自身的特点,不同历史阶段上的实践内容、规模和水平是各不相同的。古代人就不可能像现代人那样操纵自动化机器生产,用电脑遥控指挥道路交通,这些都显示了人们实践活动的社会历史性。实践是一个由低级到高级、由简单到复杂的历史发展过程。

2. 实践决定认识

首先,实践是认识的来源。人的正确认识既不是从天上掉下来的,也不是人脑里固有的,而是在社会实践中产生的。认识是主体对客体的能动的反映,这种反映只有在实践中,在主体与客体的相互作用中才能完成。在实践中,人们借助于一定的工具作为手段,同客观物质对象发生关系,使客观对象发生某种改变,并从中获得对客观事物的认识。"不经一事,不长一智""不入虎穴,焉得虎子",说的就是这样的道理。

哲理故事

唐代有一位大画家叫戴嵩，是个画牛的高手，专心画牛，名气很大，他有一幅著名的《斗牛图》，因其形象生动逼真，技法炉火纯青，历代被视为珍品收藏。后来此画流传至四川杜处士之手，他喜爱这幅画可以用"惜之如命"四个字来形容，每天都取出赏玩。他用名贵的白玉来做这幅画的画轴，还将画装在一个考究的锦囊里。有一天，有个牧童路过杜家，见画后拍着巴掌大笑不已。杜处士心想，这样一幅名画，一个小牧童又能看出什么毛病？便问他为什么发笑。牧童说："两头牛打架，力气都用在角上，尾巴是紧紧夹在屁股里的；可是画中的牛尾巴竟还悠悠摇晃，岂不令人发笑？"

徐悲鸿是我国当代杰出的画家，卓越的美术教育家，最早是以画马而闻名的。徐悲鸿画马，落笔有神，奔放处不狂狷，精微处不琐屑，盘骨强壮，气势磅礴，形神俱足，堪称一绝。他很喜爱马，经常在山乡和有马的地方对真马写生，马的速写稿不下千幅。他对马的肌肉、骨骼以及神情及动态，作了长期的观察研究，所以他下笔时能做到"全马在胸"，笔墨酣畅。

这就告诉我们，人的认识不是在头脑中自动产生的，而是在实践中对客观世界的反映。如果徐悲鸿不了解马、研究马、熟悉马，不论他如何构思，也不会画出如此惟妙惟肖的奔马图。

实践是认识的来源，一切真知都来源于实践。但这并没有否认从书本或他人那里获得的间接经验的重要性。由于个人的生命和精力是有限的，每个人的实践范围也是有限的，不可能事事都亲自实践，因此，间接经验是我们获取知识的重要途径。我们要重视通过各种途径获得间接经验和书本知识，更要积极参加社会实践，从实践中获得直接经验和直接知识。

其次，实践是认识发展的根本动力。认识产生于实践的需要。人们在实践中不断遇到的新问题、产生的新要求，推动着人们去进行新的探索和研究。实践的发展也不断提供大量有关的检验材料和认识工具，从而延伸了人类的认识器官，促进了人类认识的发展。人在实践的同时，也在改造着自己的主观世界，提高自己的判断和推理能力，从而推动了认识的不断深化。

哲理故事

1812年12月，拿破仑为了独霸整个欧洲大陆，对沙皇俄国发动了一场大规模的侵略战争。他亲自率领60多万大军，一路捷报频传，不久便占领了莫斯科。这时的莫斯科却是一座空城。法军所带的食物经过长期远征，剩下来的已腐烂变质了，许多士兵吃了变质食物，立即患病，严重地损伤了军队的战斗力，迫使拿破仑不得不撤离莫斯科而回国。然而,骄横的拿破仑要吞并欧洲的野心不死。为了解决长距离作战中食品供给问题,他向全国发布了一道奖赏令:谁能使食品长期贮存不变质,可得巨额赏金。在巨额奖金面前,许多人开始了对食品贮存的研究,都想制造出不变质的食品,但都没有成功。后来,法国马赛的食品制造专家尼可拉·阿培尔最先掌握了"加热杀菌"的方法——用高温把食物煮熟,杀死细菌。不久,他又解决了杀菌后的密封技术,即用铁罐式瓶子,把东西放入后,再把瓶口密封。尼可拉把一只重1.8公斤的红烧马肉罐头经过长期存放后打开,罐内马肉竟香美如初。从此,罐头食品开始流行起来。

战争的需要提出了食品如何防腐的问题,推动了人们对食品防腐问题的研究,促进了人的认识的发展。

再次,实践是检验认识的真理性的唯一标准。真理是同客观实际相符合的主观认识。要检验一种认识是否正确地反映了客观事物,如果不跳出主观认识的范围,就无法判定自己的认识是否与客观事物相符合;而客观事物自身也不能回答认识是否正确地反映了它。只有把主客观联系起来才能检验认识的真理性,而实践是唯一能把主观和客观联系起来的桥梁。在实践中,人们把指导自己实践的认识和实践所产生的结果加以对照,从而检验认识是否正确。因此,实践是检验认识真理性的唯一标准。

 阅读思考

古希腊权威思想家亚里士多德曾经断言,轻重不同的物体从空中落地,"快慢与其重量成正比"。1 800多年来,人们把这个论断当作真理而信守不移。1589年的一天,伽利略,一个年方25岁的比萨大学的青年讲师,同他的辩论对手和许多人一起来到比萨斜塔,做了著名的"比萨斜塔试验",宣告了亚里士多德的这个"论断"的破产。

番茄的故乡在南美洲茂密的森林里。它那圆圆的形状,青里透红的色泽,十分喜人。但当地人却一直怀疑它有毒,不敢碰它,更不敢吃,还给它起了一个吓人的名字叫作"狼桃"。到了16世纪,英国人俄罗达拉里公爵在旅行期间发现了它,并带了几株回到英国,种在皇家花园里,但只是供皇室贵族观赏。直到18世纪,法国有一位画家抱着献身精神,决心尝试一下它的果实是否可以食用。据说,在吃番茄之前,他穿好了入殓的衣服,吃完以后就躺在床上,等着上帝的"召见"。结果,这位画家不但没有死去,而且也没有感到任何不适。就这样,人们才发现番茄原来是可以吃的。番茄是毒药还是美味,必须通过实践才能得到检验。

你从"比萨斜塔试验""画家吃番茄"的故事中得到了怎样的启示?

最后,实践是认识的目的和归宿。认识从实践中来,最终还要回到实践中去。认识本身不是目的,认识世界是为了改造世界,这才是认识的最终目的。认识为实践服务,指导实践,才能发挥认识的功能。如果有了正确的认识,脱离实践,不为实践服务,那么,这种认识也就失去了实际的意义。

总之,认识的产生、发展、检验和归宿,以及认识过程的每一环节,都依赖实践。实践是认识的基础,对认识具有决定性的作用。人的认识能力的形成,归根结底取决于人所特有的实践活动。实践的观点是辩证唯物主义认识论最根本的观点。

二、认识的辩证过程

人们对客观事物的认识是一个辩证发展的过程,是在实践基础上由感性认识到理性认识,又由理性认识到实践的不断反复、无限发展的过程。

1. 感性认识和理性认识

感性认识是认识的初级阶段,是认识的起点。它是人们通过感官获得的关于客观事物的现象、某个片面和外部联系的反映,包括感觉、知觉、表象三种形式。感性认识具有直接性和形象性的特点。它是对事物的直接反映,虽然是真实可靠的,但它反映的仅限于事物的外部形象和表面特征,因而具有局限性。

资料卡片

感觉是认识的起点,是对事物个别特性的反映。如我们看到玫瑰花的形状、颜色以及闻到的香味就是感觉。知觉是感觉的综合,是对事物各种特性的综合的反映。如我们把玫瑰花的形状、颜色、香味组合在一起形成的玫瑰花的整体形象便是知觉。表象是对知觉形象的回忆和大脑中的重现。

理性认识阶段是认识的高级阶段,是人们借助思维对客观事物的本质、全体和内部联系的反映,主要包括概念、判断和推理三种形式。理性认识具有间接性和抽象性的特点。它是通过对感性认识加工而成的,因而具间接性。它超出了对事物感性形象的反映,深入到事物的本质,因而具有抽象性。这两个特点决定了它比感性认识更高级,但同时也更容易脱离现实。

资料卡片

概念是对同类事物的共同特征或本质的反映。它已超出了感性直观,它的产生表明认识已由感性直观上升到理性思维。如"花卉"与"水果"是两个不同的概念。判断是借助概念对事物之间的关系作肯定或否定的判明和断定。如"玫瑰花是花卉"就是判断。推理是从事物的联系中由已知判断推出未知判断。例如,水果中含有大量维生素C,苹果是水果,所以苹果中含有大量维生素C。这就是一个演绎推理过程。

感性认识和理性认识是认识过程中具有质的区别的两个阶段,但同时两者又是辩证统一、相互联系的。首先,感性认识是理性认识的基础,理性认识依赖于感性认识。离开了感性认识,理性认识就会成为无源之水、无本之木。其次,理性认识是感性认识的升华,感性认识有待于上升为理性认识。感性认识只是对事物表面现象的反映,不能很好地指导人们的实践。只有反映事物本质的理性认识,才能指导人们的实践。再次,感性认识和理性认识相互渗透,往往感性之中有理性,理性之中有感性。

2. 认识的辩证过程

人的认识是一个辩证运动的过程,经历了一个在实践基础上从感性认识到理性认识,又由理性认识回到实践中去的过程。实践、认识、再实践、再认识,循环往复,以至无穷。

第一,认识过程的第一次能动飞跃:从感性认识到理性认识。

要实现这次飞跃必须具备两个条件:第一,积极投身于实践,在实践中获取十分丰富的合乎实际的感性材料。第二,运用科学的思维方法对这些感性材料进行加工和创造,即对感性材料进行"去粗取精、去伪存真、由此及彼、由表及里"的思维加工,只有这样才能实现认识过程的第一次飞跃。

 阅读思考

生活在地球上的人类,不能感觉地球的运动,却能直接看到日月星辰绕地球旋转,因此,很容易误认为地球是静止不动地居于宇宙的中心,于是地心说应运而生。公元前4世纪,古希腊哲学家亚里士多德提出历史上最早的地心说。波兰伟大的天文学家哥白尼在阿拉伯天文学的成就的基础上,通过自己的研究出版了《天体运行论》,提出了著名的日心说。后来的许多发现使地球绕太阳转动的学说得到了举世公认的证明。

在哥白尼之后,出现了一位天文学史上举足轻重的天文观察家第谷。他在一生中以当时最为精确的精度观测了天空中的行星,其精确程度可以说是达到了肉眼的极限。他对天文学最重要的贡献就是他穷毕生精力所累积的观测资料,这些资料在他死后由他的学生开普勒继承,开普勒对第谷留下来的资料进行了计算。

对火星轨道的研究是开普勒重新研究天体运动的起点。因为在第谷遗留下来的数据资料中,有关火星的资料是最丰富的,而哥白尼的理论在火星轨道上的偏离最大。起先他仍按照传统观念,假设行星进行的是匀速圆周运动,但是用正圆编制火星的运行表,火星老是出轨。于是他便将正圆改为偏心圆。在进行了无数次的试验后,他找到了与事实较为符合的方案。可是,依照这个方法来预测卫星的位置,却跟第谷的数据不符,产生了8分的误差。这8分的误差相当于秒针0.02秒瞬间转过的角度。这样的误差在很多人眼里可能微不足道,但开普勒绝对相信他老师所遗留下来的观测资料,于是他决定不用圆轨道来计算行星位置,而改用其他的圆锥曲线。在进行了多次实验后,开普勒将火星轨道确定为椭圆,并用三角定点法测出地球的轨道也是椭圆,断定它运动的线速度跟它与太阳的距离有关,使计算值与观测值有了相当好的吻合。按开普勒的说法,"就凭这8分的差异,引起了天文学全部的革命"。开普勒因第谷的资料而发现了行星运动的三大定律。这些定律在科学史上之所以如此举足轻重,是因为这三大定律导致了数十年后牛顿重力理论的发现。

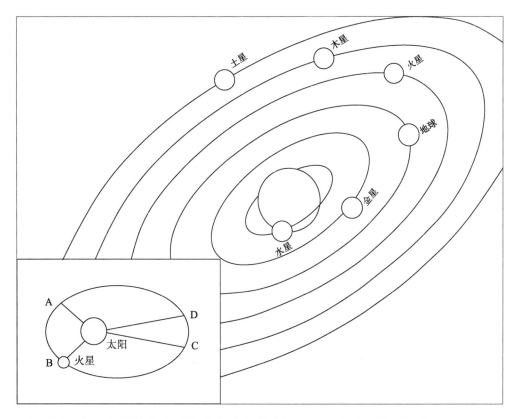

请思考：在以上的材料中哪些科学认识是感性认识？哪些又是理性认识？

第二，认识过程的第二次能动飞跃：理性认识回到实践。

从感性认识上升到理性认识并没有结束认识，理性认识还要再回到实践中去，这是认识过程的第二次飞跃，这是一次意义更为重大的飞跃。

认识过程的第二次飞跃的必要性和重要性在于：第一，认识世界的目的是为了改造世界，改造世界的实践又需要理论的指导。理性认识只有回到实践中去，才能实现其指导实践、改造世界的目的。第二，第一次飞跃并不能保证理性认识的正确性，理性认识是否正确，只能依靠实践的检验。在第二次飞跃中，理性认识可以得到检验，得到修正、补充和发展。所以，认识的第二次飞跃是整个认识过程的继续。

要正确实现从理性认识到实践的飞跃，必须具备两个条件：第一，要从实际出发，坚持一般理论和具体实践相结合的原则。理论是对事物的本质和规律的反映，是一般性的东西，而时间要解决的问题和所涉及的事物都是个别的、具体的。个别要比一般丰富得多，一般决不能代替个别。因此，要实现认识过程的第二次飞跃，决不能生搬硬套理论，而必须从实际出发，具体问题具体分析。第二，理论应当被群众掌握。群众是实践的主体，理论只有为群众所掌握，才能转化成强大的物质力量，使实践获得成功。此外，在理论转化为大规模的群众实践之前，必须经过一系列中间试验，以避免大规模的群众实践失败，造成巨大损失。

 哲理故事

黄鼠狼是"偷鸡专家",这似乎已成为老少皆知的认识。但事实并非如此。华东师范大学生物系的几位教授,用了20多年的时间,做了一番调查研究,先后解剖了5 000只黄鼠狼,发现只有两只黄鼠狼吃了鸡。他们还做了一个实验:第一天,在关黄鼠狼的笼子里放进活鸡三只、带鱼一段,结果黄鼠狼不吃鸡,而吃了带鱼。第二天,放进鸡、鸽子和老鼠,结果黄鼠狼吃了老鼠。直到第五天,仅仅放进活鸡,黄鼠狼没有什么东西可吃,才拿鸡来充饥。这几位教授又进一步了解到,黄鼠狼原来是消灭老鼠的"能手",一只黄鼠狼至少能吃三四百只老鼠,还要吞食大量的害虫。通过长期实验,他们不但为黄鼠狼洗刷了专门偷鸡的恶名声,而且逐步深入地认识了黄鼠狼的生活习性和对人类的许多益处。

这个故事说明:理性认识只有在实践中才能得到检验和深化。

三、真理及其指导作用

实践是认识的基础,它决定着认识的产生和发展,是认识的检验标准和最终目的。但是认识对实践也有能动的反作用,这是因为人有思想、会思维,人的实践活动不同于动物的本能活动,它是受意识支配的,离不开认识的指导。

真理是人们对客观事物及其规律的正确反映。真理作为人的认识结果,其形式是主观的。但是真理的内容是客观的,客观性是真理的本质属性。所以,真理也常被称为客观真理。真理的客观性首先是指,真理作为对客观事物及其规律的正确反映,包含着不依赖于人或人的意识的客观内容。其次,它还指检验真理的标准——实践,是一种客观的物质活动,也具有客观性。

1. 真理的绝对性与相对性

每一个真理都是客观的,同时,它又是绝对性与相对性的统一。

真理的绝对性可从两个方面理解。第一,任何真理都包含不依赖于人的客观内容,都是对客观事物及其规律的正确反映。这一点是绝对的,无条件的。在这个意义上,承认客观真理也就承认了真理的绝对性。第二,人类的认识,按其本性和趋势来说,是能够正确认识无限发展着的客观世界的。认识每前进一步,都是对无限发展着的客观世界的接近。这一点是绝对的,无条件的。在这个意义上,承认世界的可知性,承认人具有获得真理的能力,也就承认了绝对真理。由上面两点,我们可以看到,辩证唯物主义所讲的绝对真理不是所谓的"终极真理"或"永恒真理"。

真理的相对性,是说真理是有条件的、有限的。在一定条件下,人们对客观世界的认识都是有局限性的、不完全的、具体的、近似的。从广度上来说,任何真理都是对世界的一些部分、一些片断的正确认识,世界上尚有未被认识的东西,认识还有待于扩展。从深度上来讲,任何真理都只是对特定事物或现象的一定程度、一定层次的正确认识,认识还有待于深化。

哲理故事

大革命失败后，中国共产党走上了武装反抗国民党反动统治的道路，先后发动了南昌起义、秋收起义和广州起义，这些起义走的都是俄国式的以城市为中心的革命道路，结果都以失败而告终。秋收起义进攻长沙受挫后，毛泽东在文家市命令各路起义军退到文家市，他分析了敌强我弱的形势，决定改向敌人统治力量薄弱的山区进军。会后，毛泽东带领部队到达罗霄山脉中段的井冈山，经过近半年的艰苦努力，创建了井冈山革命根据地，从实践上为中国革命找到了一条新的道路。

中国特色的革命道路——农村包围城市

毛泽东及时总结了井冈山斗争的经验，相继写了《中国的红色政权为什么能够存在？》《井冈山的斗争》和《星星之火，可以燎原》这3篇文章，从理论上说明了中国革命采取建立农村革命根据地，以农村包围城市，最后夺取城市这样一条道路，是由中国的特殊国情决定的。毛泽东认为，红色政权的存在和发展，必须包含三个方面的内容，即在中国共产党的领导下，把武装斗争、土地革命和根据地建设三者结合起来。这就是"工农武装割据"的思想，它创造性地解决了中国革命的道路问题，为中国革命指明了方向。这是把马克思主义普遍原理同中国革命具体实践相结合的光辉典范，也是正确处理真理的绝对性与相对性的典范。

3. 用真理指导实践

真理既然是人们对客观事物及其规律的正确反映，那么对人们的实践活动就有着重要的指导作用。它可以指导人们自觉地尊重客观规律，按规律办事，这是使实践活动取得成功的根本保证。因此，我们在一切实践活动中都要认识规律，掌握真理，坚持用真理指导实践活动。

首先，要遵从真理，反对经验主义。真理既然是人们对客观事物及其规律的正确反映，那么对人们的实践活动就有着重要的指导作用。它可以指导人们自觉地尊重客观规律，按规律办事，这是使实践活动取得成功的根本保证。因此，我们在一切实践活动中都要遵循真理，坚持用真理指导实践活动，反对不遵从真理，只注重自我已有的经验，按照自己的经验来指导实践的"经验主义"。

哲理故事

哥白尼是波兰伟大的天文学家，他经过潜心的研究，终于得出了地球不是宇宙的中心的结论。然而，在当时的意大利，托勒密的"地心说"已经成为维护教会统治的神学。哥白尼去世5年后，意大利诞生了一位伟大的天文学家、哲学家、哥白尼学说的继承者——

布鲁诺。

布鲁诺读了哥白尼的《天体运行论》之后，激起了为科学真理而献身的热情。他反对神学，无情地讥讽罗马教廷。他的行动遭到了宗教维护者们的围攻，并把他看作"异端分子"。面对这种遭遇，他毫不畏惧，大力宣传哥白尼的学说，反对托勒密的地心说。布鲁诺连同他的学说，成了罗马教廷的心腹大患，他最终被教廷逮捕、监禁。但一次次残酷的审讯以及威胁利诱都动摇不了他的信念。他说："收起你们这一套吧！我没有罪，根本没有做过需要忏悔的事情。"当判决对他施以火刑的时候，他镇定自若地说："在真理面前，我半步也不会退让！"

1600年2月17日，52岁的布鲁诺被捆绑在罗马鲜花广场的火刑柱上。当教廷还奢望布鲁诺能屈服的时候，布鲁诺视死如归。被火焰和浓烟包围着的布鲁诺决然地说："火并不能把我征服，未来的世界会了解我，会知道我的价值。"布鲁诺虽然为真理献出了生命，但这位勇于捍卫真理的科学斗士，一直受到人们的景仰，人们为了纪念布鲁诺，在他牺牲的地方树起了一座纪念碑。

其次，要发展真理，防止教条主义。在一定条件下，人们对客观世界的认识都只能是有局限性的、不完全的。如前所述，从广度上来说，任何真理都是对世界的一些部分、一些片断的正确认识，世界上尚有未被认识的东西，认识还有待于扩展。从深度上来说，任何真理都只是对特定事物或现象的一定程度、一定层次的正确认识，认识还有待于深化。因此，把真理当作一成不变的东西，不注意真理运用的条件，不懂得普遍真理和具体实践的结合，必然给实践带来危害，从而导致"教条主义"的错误。

 阅读思考

战国时期，赵国大将赵奢经常以少胜多，打败秦军。其子赵括自幼熟读兵书，谈起兵法，连他父亲赵奢都辩论不过他。赵奢很了解自己的儿子，认为他把打仗看成儿戏，不能实际领兵作战。临终前，赵奢叮嘱妻子，千万不能接受赵王对儿子的委派，不然就会丧师辱国的。但是后来，赵奢的妻子还是没能推辞掉赵王对赵括的委派。公元前259年，赵王派赵括到长平迎战秦国大将白起。由于没有实战经验，赵括只是按照兵书作战，导致赵军全军覆灭，赵括本人也被乱箭射死。这就是"纸上谈兵"的故事。

这个故事说明了怎样的哲学道理？人们如何才能避免犯同样的错误？

第二节 现象与本质

一位姓石的匠人到齐国去,经过曲辕这个地方,看到一棵可造几十条船的树。但匠人却不停止脚步,竟然不停地赶路。他的学生很奇怪,问:"我随先生学艺以来,从来没有见过这样好的木材,而先生却不多看一眼,为什么?"匠人说:"这是一棵疏脆无用的树,用来造船就会沉,用来造棺材就腐朽得快,用来造器具就会很快被虫蛀,这是一株不能用作木料的树,因为没有什么用处,所以才会这么长寿。"这个故事告诉人们:看事物不要被表面现象所迷惑,要透过现象掌握其本质。

一、正确把握事物的本质

现实存在的每一个事物都是现象与本质的统一体。现象和本质这对范畴揭示的就是事物内在实质和外在表现之间的关系。认识的根本任务在于透过现象把握事物的本质。

1. 现象与本质的含义

现象是指事物的表面特征以及这些特征的外部联系。事物的现象是复杂多样的,按其表现事物本质的不同方式,现象有真象和假象之分。真象是指那些从正面直接地表现本质的现象;假象则是从反面歪曲地表现本质的现象。假象也是事物本质的表现形式,只是在特定条件下以另外一种方式去表现本质。假象同真象一样,也是客观存在的,是由各种客观实际条件造成的。在现实生活中,我们既不能忽视假象,又要防止被假象所迷惑。

哲理故事

一个小男孩从生物课上得知:蚂蚁之间主要是通过气味进行联系的。当一窝蚂蚁中的一只死了时,其他蚂蚁就会把它的尸体搬到公墓去。于是,他做了如下实验:先找到蚂蚁公墓,在那里收集了一些被太阳晒干的死蚂蚁,然后把它们揉搓成粉末,将这些粉末装入一个喷射器里,再喷射到正在蚁穴口踱来踱去的蚂蚁"卫兵"身上。等了几分钟,洞穴里的蚂蚁倾巢而出,扑向"卫兵",要把它们拖到公墓去。"卫兵"们当然不干,奋力反抗。但是洞穴里的蚂蚁源源不断地爬出来,越来越多的蚂蚁向"卫兵"扑过去,这真是一场令人难以置信的混战,一场"动乱"就这样发生了。原来,小男孩把死蚂蚁的粉末喷射到蚂蚁"卫兵"身上,就会让它们染上死蚂蚁的气味。而蚂蚁王国的法律规定,凡是身上带有这种气味的蚂蚁,说明它已死亡,必须把它送往公墓。它不是在动吗?可那能说明什么问题? 蚂蚁自有蚂蚁的"道理",既然它们有死蚂蚁的气味,它就只能是一只死蚂蚁。蚂蚁没有人的思维能力,自然无法分辨真象和假象,更不可能掌握死亡的本质。

本质是指事物的根本性质和组成事物的各个基本要素的内在联系。事物的本质对于该事物来说就是它的特殊矛盾,而对其他事物来说,就是它们之间的本质区别。认识事物的本质,就是认识事物的必然性、规律性。认识的任务不仅在于透过真相揭露事物本质,而且要揭露假象所掩盖的本质。

2. 现象与本质的辩证关系

现象与本质既相互区别,又相互联系,两者的关系是对立统一的。

首先,现象和本质是相互区别的。其具体表现是:

第一,现象外露于事物的表面,人们的感官可以直接感知;而本质则深藏于事物的内部,往往是人们的感官也不能直接感知,只能通过抽象思维才能把握。例如,我们每天看见太阳东升西落,似乎太阳绕地球旋转,而实际上是地球绕太阳旋转;我们只能看见熟透的苹果往下落,却看不见使其下落的万有引力。

第二,现象是个别的和具体的东西,而本质则是同类现象中一般的、共同的东西。同类现象具有共同的深刻的本质,而共同的本质则通过千差万别的个别现象表现出来。例如,苹果落地、房屋倒塌、河水流动、飞机坠落、卫星遨游、陨石降落、海潮汹涌澎湃、流星划过长空、地球绕日旋转、太阳东升西落、星系演化发展、黑洞现象形成,等等,这些表现形态可谓多姿多态、千差万别,可是它们有着共同的本质,都是引力相互作用的具体表现。

第三,现象多变易逝,本质则相对平静、相对稳定。在客观事物的发展过程中,本质是相对不变的,但它表现出来的现象则是经常变化的,不断改变着自己的具体形态。例如,社会必要劳动决定商品价值是商品价值的本质,价格则是价值的现象,它常因商品的供求关系不同而上下波动,而价值则具有相对稳定性。水有三态,即液态、气态和固态,但这三种状态都是水的表现或现象,其本质仍然是 H_2O。

阅读思考

由于遗传的原因,父子、母子、兄弟姐妹之间的长相、肤色等一般都会有某些相似的地方,通过外貌长相的对比来确定亲子关系恐怕是最原始的方法,但这种方法只是一种猜测、判断,只能作为参考。长期以来,由于人的外貌发生变化,致使通过外貌即现象来判别是否有血缘关系十分不可靠。现代社会由于科技的进步,人们可以通过人类遗传基因分析及 DNA 检测技术来确认父母与子女是否存在亲缘关系,可用于父母、子女关系鉴定,兄弟姐妹鉴定,表兄弟姐妹鉴定,外祖父母和亲孙鉴定以及家族的近亲和远亲的亲缘鉴定等。这种技术实际上是从血缘关系的本质方面加以判定,其鉴定结果得到司法认可。

请用所学的哲学知识分析和说明:为什么外貌对比结果不能得到司法认可。

其次,现象与本质又是相互联系、相互依存的。

一方面,现象不能脱离本质,任何本质都要通过一定的现象表现出来。本质是现象的根据,没有不表现为现象的本质,脱离本质的纯粹的现象是不存在的。另一方面,本质也不能脱离现象,本质总是现象的本质,没有不表现本质的现象,现象总是从不同的侧面表现事物的本质,脱离现象的纯粹的本质是不存在的。现象与本质之间相互联系、相互依存,任何一方不能离开另一方而存在。

哲理故事

新陈代谢是生物的本质,在植物的生长过程中,这一本质是通过胚胎、发芽、生根、长叶、开花、结果、凋谢、死亡等各种现象表现出来的,而且这些现象又都从不同方面反映了植物新陈代谢的本质特征。不仅如此,人们还可以从现象中了解事物的本质。

沈括在《梦溪笔谈·异事》中有这样的一段记载:海上出现一片云气,像宫殿、楼阁、市井街道,还有人物、车马等,历历可见。古人称这样的景致为"海市蜃楼",认为这种景象是海中的一种动物"蜃"吐气所成,这显然是不科学的。其实,用现代科学的眼光来看,这种现象的本质是海面上空的大气因光折射,而把远处景物显示在空中或地面而已。只要存在合适的条件,这种现象也会出现在沙漠和山地之中。

可见,任何现象都蕴含本质,任何本质都要通过现象而体现。

3. 现象与本质辩证关系的启示

把握现象与本质辩证关系的原理,对提高我们认识事物的能力具有重要意义。

首先,现象与本质的对立统一说明了科学研究的必要性和可能性。本质与现象相互区别,认识了现象不等于掌握了本质,对事物的认识不能停留在表面现象上,由此决定了科学研究的必要性。本质通过现象表现出来,现象表现着本质,我们就可以通过分析现象达到对事物本质的认识。现象与本质的统一,说明了科学的可能性。马克思指出:"如果事物的表现形式和事物的本质会直接合而为一,一切科学就都成为多余的了。"

其次,在实践中要注意把现象作为入门的向导,通过现象去认识事物的本质。科学的任务在于揭示事物的本质,而科学认识的途径和方法则是从事物的现象入手,透过现象去把握本质。因而我们在认识事物时,一方面要注意现象的搜集,占有丰富而全面的感性材料;另一方面又要注重科学的思维方法,对各种现象加以分析,特别是要注意识别真象和假象,从而抓住事物的本质。

1826年,法国的一位青年波拉德在专注地研究海藻。当时人们已经知道海藻中含有很多碘,波拉德便在研究怎样从海藻中提取碘。他把海藻烧成灰,用热水浸取,再往里通进氯气,这时得到紫黑色的固体——碘的晶体。然而奇怪的是,在提取后的液体底部,总是沉着一层深褐色的液体,这液体具有刺鼻的臭味。这引起了波拉德的注意:这是一种什么东西?他立即着手详细地进行研究,最后终于证明,这深褐色的液体是一种人们还未发现的新元素。波拉德把自己的发现告知了巴黎科学院,巴黎科学院就把这种新元素命名为"溴"。

波拉德关于发现溴的论文《海藻中的新元素》发表后,德国著名化学家莱比锡进行了仔细的阅读、推敲,读完后深为后悔。因为几年前他做过和波拉德相同的试验,看到过相同的奇怪现象。所不同的是,他没有深入地钻研下去,而只是想当然地断定,这深褐色的液体只不过是氯化碘——通过氯气时,氯和碘的化合物。因此,他只是在瓶子上贴了一张"氯化碘"的标签就结束了,与溴元素的发现失之交臂。

二、正确分析因果联系

客观世界的一切事物都处于相互作用和相互制约之中,一种现象会引起另一种现象,而它自身也是由其他现象引起的。原因和结果是从引起和被引起这一侧面揭示事物、现象之间相互联系、彼此制约的一对范畴。

1. 原因与结果的含义

引起某种现象的现象就是原因,被某种现象引起的现象就是结果。世界上的任何现象都有产生的原因,任何原因都必然引起一定的结果。因果联系具有以下几个特点：

首先,因果关系具有时间顺序性,即原因在先,结果在后。如摩擦生热,摩擦是因,生热是果；风吹草动,风吹是因,草动是果。前因后果是因果联系的特点之一,但不是所有先后相继出现的现象都具有因果联系。判断前后相继的两个现象之间是否具有因果联系,其根本标志是看它们是不是引起与被引起的关系。如冬去春来、电闪雷鸣等,虽有时间上的先后相继,但不是引起和被引起的关系,不属于因果关系。所以,因果联系是时间上先后相继、一种现象引起另一种现象的联系。

其次,因果联系是确定的。因果联系的确定性从质的方面说,就是在同样的条件下,同样的原因会产生同样的结果。例如,在通常的大气压下,水的温度降到0℃以下就会结冰。因果联系的确定性从量的方面说,原因发生了一定量的变化,结果也会相应地发生变化。例如,在通常的大气压下,随着温度的升高或降低,水就会相应地变热或变冷。因此,同质的原因必然会引起同质的结果,原因的量变必然会反映在结果中。

 **资料卡片**

数学中的函数关系,虽然反映着现象之间的客观必然联系,但并不是任何函数关系都表示因果关系。例如,在"距离＝速度×时间"这个公式中,速度不变,时间的变化与距离的变化成正比,但时间的变化并不是距离增加的原因,距离的变化也不是时间变化的结果,两者之间没有先后相继、彼此制约的关系,所以这种联系不是因果联系。又如"月晕而风,础润而雨",在月晕与风之间,在础(地基)与雨之间也不存在引起与被引起的必然联系,它们也不能构成因果联系。可见,因果联系必须是由先行现象引起后续现象的一种必然联系。

再次,因果联系是复杂多样的。有一因一果,例如日食和月食；有多因一果,例如液体蒸发加快,可能是由于温度升高,也可能是由于压力降低,也可能是这两种因素同时作用的结果；也有多因一果,即几种原因共同作用,才能产生某种结果,例如农作物大丰收是水、肥、土、种等共同起作用的结果；此外,还有一因多果、多因多果等情形。因此,探求因果联系是个复杂的认识过程。

事物的因果联系是普遍的、客观的。事出有因,因必有果。世界上任何一种现象都不可能平白无故地产生,任何一种现象也不可能不产生一定的结果。因果联系的普遍性是指世界上的一切事物和现象无不处在一定的因果联系之中。因果联系的客观性是指因果联系是事物本身所固有的,它不以人们的主观意志为转移,不管人们承认不承认,喜欢不喜欢,事物的因果联系总是客观存在的,也总是要表现出来的。

哲理故事

自古以来，人们都知道"种瓜得瓜，种豆得豆"、"牛生牛，羊生羊"、"子女的相貌总有些像爹娘"。产生这样结果的原因是什么？其中的奥秘何在呢？这曾经引起许多人的兴趣，科学家们也一直在进行着艰苦的探索。

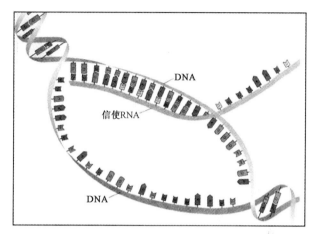

最早揭开这个秘密的人是19世纪奥地利科学家孟德尔，他认为生物体表现出来的高矮、胖瘦、大小、颜色等性状只是人们能够感觉到的表面现象，而这些现象的反复出现一定有着某种内在的原因。孟德尔把这种决定性状的内在原因称为"遗传因子"，而"遗传因子"后来又被称为基因。

那么，基因在哪里？究竟是什么样子呢？1908年，美国科学家摩尔根通过实验，证实了基因是组成染色体的遗传单位，它能控制遗传性状的发育，也是突变、重组、交换的基本单位。摩尔根本人也因此获得了1933年度诺贝尔医学和生理学奖。

基因遗传理论虽然确立了，但是基因究竟是不是一种物质实体在当时尚不清楚。但随着分子生物学时代的到来，人们最终认识到，组成基因的主要物质为"核糖核酸"（RNA）与"脱氧核糖核酸"（DNA）。从此，人们就找到了遗传现象产生的真正原因。

2. 原因和结果的辩证关系

原因和结果的关系是对立统一的关系。

首先，原因和结果是对立的，两者相互区别。在具体的因果联系中，原因和结果的界限是确定的，原因就是原因，结果就是结果，两者不能混淆和颠倒。例如，地球绕太阳公转与春夏秋冬四季更替的关系，前者是原因，后者是结果。如果倒因为果，或倒果为因，就会混淆是非、颠倒黑白，得出荒谬的结论。所以因果关系是绝对不容颠倒的，这就是原因和结果的对立性。

其次，原因和结果又是统一的。这主要表现在三个方面：

第一，原因和结果是相互依存、不可分割的。有因必有果，有果必有因。原因之所以成为原因，是相对于它所引起的结果而言的，同样结果是相对原因而言的。因果双方互为前提，取消了任何一方，另一方也是不存在的。

第二，原因和结果在一定条件下相互转化。在具体的因果联系中，原因与结果的区别是确定的，但在世界的普遍联系和永恒发展中，原因和结果的区别又是不确定的。同一种现象在一种联系中是原因，在另一种联系中则是结果；反之亦然。

第三，原因与结果相互作用。在原因和结果的关系中，原因引起结果，结果反过来作用于自己的原因，彼此之间互为因果。

 阅读思考

科技的发展推动了生产的发展，生产的发展拉动了经济的发展，经济的发展又促进了精神文明建设。在这一连串的因果联系中，生产发展既是科技发展的结果，又是经济发展的原因；经济发展既是生产发展的结果，又是精神文明发展的原因。精神文明发展了，反过来促进经济的发展，经济的发展又带动了科技的进步，形成良性循环。

你能否列举出生活中的因果联系？

3. 原因和结果辩证关系的启示

首先，认识事物因果联系的普遍性和客观性，是人们正确认识客观事物，进行科学研究的前提。世界上的事物总是处在因果联系的链条中，人类一切认识和实践活动都离不开具体的原因与结果，都是在因果联系的制约下进行的。科学研究在一定意义上就是揭示事物的因果联系，从而提出解决问题的方法。

 资料卡片

在生物学上，子代出生后都有许多与亲代相似之处，这就是继承了亲代的基因，不同之处则是出现了变异。生物学家们探寻得知，子代继承亲代的基因，关键的是亲代遗传物质中的细胞核，细胞质起次要作用。由这一原因出发，生物科学家想：如果让一个生物的体细胞核长成一个个体，不就产生了一个同样的生物吗？于是，在亲代身上提取体细胞核，把它的细胞核电击入一个完整的细胞中，结果，新产生的子代与亲代确实一模一样。由此，克隆技术诞生了。目前，已成功培育出克隆羊、克隆猪、克隆鼠，将来还可以克隆器官，人也可以克隆。

其次，正确地把握因果联系有利于总结经验教训。在一切工作中，只有正确认识事物的因果联系，才能分析出成功的经验和失败的原因。在总结工作经验时，不仅要肯定成绩、发现错误，而且要找出取得成绩和产生错误的原因。这就是由果溯因。只有这样，才能在以后的工作中发扬已有的成绩，避免重复发生同样性质的错误。

哲理故事

英国伟大的自然科学家达尔文是生物进化论的创始人，他伟大的发现却不幸地和家庭悲剧交织在一起。1839年1月，达尔文同他舅舅乔赛亚的小女儿埃玛在梅庄教堂举行了婚礼，新娘是个高雅、贤淑、聪明、美丽的姑娘。尽管达尔文与妻子之间互敬互爱，但由于他们是表兄妹，他们的真诚结合却拉开了达尔文意外的家庭悲剧的序幕。

达尔文结婚以后，埃玛一共生了10个孩子。其中长女、次女和最小的儿子均夭折，另外的7个孩子也都患有程度不同的各种疾病。达尔文的二儿子乔治、三儿子费朗西斯、五儿子霍勒斯和终生未嫁的四女儿伊丽莎白均患有程度不同的精神病。其他三个孩子，长

子威廉、三女儿亨利埃塔和四儿子伦纳德虽然没有明显的精神病症状,但他们婚后没有留下后代。

达尔文的家庭悲剧启示了其表弟高尔顿,他经过研究揭示了近亲不能结婚的科学道理,创立了优生学、遗传学和分子生物学。近亲婚配殃及家庭,殃及民族,殃及国家,殃及人类的发展。由于"血缘婚配"子女比"无关婚配"的子女隐性遗传病的发病率高出150倍,因此我国《婚姻法》已明确规定:禁止直系血亲和三代以内旁系血亲结婚。

这个故事说明,只有探究引起结果的原因,才能形成对事物的正确认识,从而避免犯类似的错误。

再次,准确地把握因果联系,才能提高人们活动的自觉性和预见性。在各项工作中,只有全面地把握事物的因果联系,才能通过自觉的努力消除产生不利后果的原因,发挥产生有利效果的原因的作用,达到我们所需要的有利结果。俗语说:"凡事预则立,不预则废","人无远虑,必有近忧"。如果只顾眼前的行动,不顾长远结果,必然会给工作和生活带来危害。人的智慧就在于凡事都问个为什么,所以我们在学习中要有探究的热情、勇气和信心,在生活中要培养自己的自觉性和责任感,做一个有益于社会的人。

 阅读思考

小小塑料袋似乎不起眼,但由于使用数量巨大,如果我们计算一下"塑料袋数学",其浪费资源、污染环境的程度却是十分惊人。据中国塑协塑料再生利用专业委员会统计,全国仅每天买菜要用掉10亿个塑料袋,其他各种塑料袋的用量每天在20亿个以上。滥用塑料袋对环境造成了很大威胁。据统计,目前北京每年产生废旧塑料包装垃圾14万吨,占整个生活垃圾的3%;上海每年产生废旧塑料包装垃圾19万吨,占生活垃圾总量的7%;天津每年的废旧塑料包装垃圾也超过10万吨。有关专家表示,目前商场赠送的塑料袋主要都是不可降解的,如果用作垃圾袋,将严重危害环境。因此,应倡导市民少用塑料袋,倡导"绿色消费",同时争取商家的支持,逐步减少提供塑料袋,使用环保购物袋。我国规定,自2008年6月1日起,在所有超市、商场、集贸市场等商品零售场所实行塑料购物袋有偿使用制度,一律不得免费提供塑料购物袋。

你认为出现以上问题的原因是什么?如果任其发展下去,将会带来什么后果呢?面对这些问题,我们应该怎么做呢?

三、正确对待必然与偶然

1. 必然性与偶然性的含义

必然性和偶然性是揭示客观事物的发生、发展和灭亡的不同趋势的一对范畴。必然性是指事物发展过程中合乎规律的、不可避免的趋势,它是由事物内部的根本矛盾决定的。偶然性是指客观事物发展过程中不确定发生的趋势。偶然的东西可以出现,也可以不出现;可以这样出现,也可以那样出现。

阅读思考

1854年11月14日，黑海上空突然出现的一场风暴，使停泊在巴拉克拉瓦港口的英法舰队受到严重损失。巴黎天文台台长勒维烈奉命对这次风暴进行调查。他搜集欧洲各地的气象情报，发现在一天以前，这个风暴曾出现在地中海上空。因此，他认为只要建立一定数量的气象台站，利用有线电报迅速传递情报，风暴是可以预报的。他的意见得到法国政府的支持。不久，第一张用电报传递情报的天气图在法国诞生。天气预报的工作就这样开始了。

请问：如果没有这次的偶然事件，天气预报会不会产生？

2. 必然性和偶然性的辩证关系

首先，必然性和偶然性是对立的。它们是事物发展过程中的两种不同的趋势，它们产生的原因以及在事物发展中的地位和作用是不同的。必然性源于事物内部的根本矛盾，而偶然性的产生主要是由事物的非根本矛盾或外部条件引起的。必然性在事物发展过程中居于支配地位，规定、代表着事物发展的不可避免的、确定的趋势，决定着事物发展变化的方向；而偶然性则在事物发展过程中居于从属地位，只能对事物的发展过程起加速或延缓的作用，使发展的必然趋势产生这样或那样的偏差和特点。

其次，必然性和偶然性又是统一的。主要表现在：

第一，没有脱离偶然性的纯粹必然性。必然性存在于偶然性之中，通过偶然性表现出来。必然性不是孤立存在的，它通过大量的偶然性表现出来，并为自己开辟道路。事物的每一过程都是按照其根本矛盾引起的必然规律发展的，但事物内部的非根本矛盾和各种外部条件等因素，对事物的发展也都会起作用。事物的发展不可能排除各种偶然因素的影响，总是在大量的偶然变动中贯彻自己发展的必然趋势。

 哲理故事

一个伟大的科学发现，有时候也是受偶然现象的启发而完成的。阿基米德所在城邦的摄政者得到了一顶据称是用黄金制成的皇冠，但他想知道这顶皇冠是不是用纯金制作的，里面是否掺有银。于是他找到当时的大学者阿基米德。阿基米德开始思考，只要能测出皇冠的体积，就能弄清它是不是纯金制作的。可是皇冠是不规则的物体，如何才能测量它的体积呢？这个问题让他百思不得其解。这天，他实在没有办法了，就想，还是先洗个热水澡放松一下吧。当他在浴盆中躺下的时候，盆中的水面升高了。在这之前还没有思路的他，一下子就来了灵感：水面升高的体积不就等于他的身体浸入水中的那部分体积吗？用同样的办法，不就可以测量不规则物体的体积了吗？他十分激动，立即从浴盆中跳出来，大喊道："我知道了！我知道了！"

偶然性作为必然性的实现形式，其中必定包含着必然性。阿基米德正是从偶然现象入手进行了研究，发现了浮力原理。这就说明了在个别的、偶然性的东西背后隐藏着普遍性的、必然的、规律性的东西。

第二，偶然性是必然性的表现形式和必要补充。没有脱离必然性的纯粹偶然性，偶然性背后隐藏着必然性并受其支配。

 资料卡片

我们可以根据地球围绕太阳公转的规律，预言从春季到夏季气温逐渐升高的一般趋势，但是断言夏季某一天的气温一定比前一天高，却是不可能的。因为宇宙空间云层的厚薄和分布的状态、气压的高低、气流的变化等偶然因素，都会影响到地面的吸热和散热的比例。气温上升的必然趋势，就是通过一系列的偶然性表现出来的。在看似变化不定的偶然现象背后有必然性在起着支配作用，因而从春天到夏天气温逐渐升高是确定不移的。

第三，必然性和偶然性在一定的条件下可以互相转化。这主要是指随着条件的变化，在一个过程中具有必然性的东西，对于另一个过程来说可以转化为偶然性；反过来也如此。例如，个别婴儿先天是"毛孩"，这种生物上的"返祖"现象，就是必然向偶然的一种转化。

3. 必然性和偶然性辩证关系的启示

第一，重视掌握事物发展的必然性，不把偶然性错当为必然性。必然性是事物发展的内在根据和趋势，决定着事物发展的方向和前途，因此，我们要力争透过表面的偶然性发现内部的必然性，把握事物发展过程中的规律。这样，才能在实践中避免盲目性，提高行动的自觉性，取得预期的效果。决不能不按规律办事，把希望寄托在侥幸的偶然事件上。

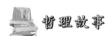 哲理故事

宋国有个农民正在耕田。田边有棵大树桩，一只兔子飞奔过来，不小心撞在树桩上，折断脖子死了。这个农民无意中得到兔子，十分高兴。从此便放下农具，守在树桩旁边，希望再次得到撞死的兔子。结果，兔子没有得到，倒是田地被耽搁得荒芜了。这个故事说明了，我们如果把偶然现象当作必然规律，用于指导实践，就会产生问题。因此，对于偶然事件，我们应该努力寻找其背后的必然性，只有掌握了必然性，才会有重复的结果出现。

第二，不轻视偶然现象，善于从偶然中发现必然性。偶然性常常是我们发现必然性的线索，因此我们在工作中要抓住偶然现象提供的机遇，揭示偶然现象背后隐藏的必然性。在实践中，既要尽可能地避免、减弱有害的偶然因素的干扰和破坏，做好应付突然事变的准备；同时又要善于利用一切有利的偶然因素，推进各项工作顺利开展。

 阅读思考

200多年前,法国医生拉哀奈克想要发明一种能判断胸腔里健康状况的器械。他刻苦钻研,但始终想不出一种好办法来。一天,他领着小女儿到公园玩跷跷板,偶然发现,用手在跷跷板上轻轻地敲击,敲的人自己几乎听不见,而别人将耳朵贴近跷跷板的另一端却听得清清楚楚,他顿时高兴得大喊起来:"有了,有办法了!"他拉着女儿一溜烟似的跑回家,用木头做了一个喇叭形的东西,将小的一头塞在耳朵里,大的一头贴在别人的胸部,不仅听起来声音清楚,而且使用方便,世界上第一个听诊器就这样诞生了。

请你分析一下这个事件的背后,有怎样的必然性在起作用。

这里需要特别指出的是,善于抓住偶然性同碰运气是两码事。有的人存在侥幸心理,平时不扎扎实实进行工作和研究,而是指望碰到一个偶然的发现一举成名。法国细菌学家巴斯德说过:"机遇只偏爱那种有准备的头脑。"古人也说:"不经一番寒彻骨,怎得梅花扑鼻香。"所以,我们青年学生在工作和学习中,不仅要善于观察和思考,更要勤奋和刻苦,唯有这样才能成功。

第三,坚持必然性和偶然性的统一。必然性和偶然性是辩证的统一,因此,我们要防止把两者割裂开来。在这个问题上,我们要反对两种错误的观点:一是认为世界上一切现象的出现都是必然的。这种否认偶然性存在的观点,很容易导致"宿命论",把世界上的一切变化看成是一种"不可改变的""确定如此的""预先就存在的",从而否认了事物的多样性和人的能动作用,形成一种机械、僵化的思维方式。二是认为世界上的一切现象都是偶然的,否认必然性的存在。这种错误观点,否认了科学研究的价值,把世界看成是"不可捉摸的""无法认识的",从而形成一种消极无为的思维方式。这两者都是不可取的。

第三节 科学的思维方法

美国有一位工程师和一位逻辑学家是无话不谈的好友。一次,两人相约赴埃及参观著名的金字塔。到埃及后,逻辑学家住进宾馆,仍然习以为常地写起自己的旅行日记。工程师则独自徜徉在街头,忽然耳边传来一位老妇人的叫卖声:"卖猫啊,卖猫啊!"工程师一看,在老妇人身旁放着一只黑色的玩具猫,标价500美元。这位妇人解释说,这只玩具猫是祖传宝物,因孙子病重,不得已才出卖以换取住院治疗费。工程师用手一举猫,发现猫身很重,看起来似乎是用黑铁铸就的。不过,那一对猫眼是珍珠的。于是,工程师就对那位妇人说:"我给你300美元,只买两只猫眼!"老妇就同意了。

工程师高兴地回到宾馆,对逻辑学家说:"我只花了300美元竟然买下两颗硕大的珍珠!"逻辑学家一看这两颗大珍珠,少说也值上千美元,问朋友是怎么一回事。当工程师讲完缘由,逻辑学家问:"那位妇人是否还在原处?"工程师回答说:"她还坐在那里,想卖掉那只没有眼睛的黑铁猫!"

逻辑学家忙跑到街上,给了老妇人200美元,把猫买了回来。工程师嘲笑说:"你呀,花200美元买了个没眼珠的铁猫!"逻辑学家却不声不响地用小刀刮起了铁猫的脚,当黑漆脱落后,露出的是一道黄灿灿的金色的印迹,他高兴地大叫起来:"正如我所想,这猫是纯金的!"原来,当年铸造这只金猫的主人,怕金身暴露,便将猫身用黑漆漆了一遍,俨然一只铁猫。此时,逻辑学家转过来嘲笑工程师说:"你虽然知识很渊博,可就是缺乏一种思维的艺术,分析和判断不全面、深入。你应该好好想一想,猫的眼珠既然是用珍珠做的,那么猫的身体会是不值钱的黑铁所铸吗?"

我们生活在这个世界上,每天都要面对纷繁复杂的事物,从事各式各样的活动,解决各种问题,这就需要我们掌握科学的思维方法,提高认识能力。

一、逻辑思维的基本形式

逻辑思维是人们在认识过程中借助于概念、判断、推理等思维形式能动地反映客观现实的理性认识过程。只有经过逻辑思维,人们才能达到对具体对象本质规定的把握,进而认识客观世界。逻辑思维是人的认识的高级阶段,即理性认识阶段。同形象思维不同,它以抽象为特征,通过对感性材料的分析思考,撇开事物的具体形象和个别属性,揭示出物质的本质特征,形成概念,并运用概念进行判断和推理来概括地、间接地反映现实。人们的逻辑思维包括概念、判断与推理三种基本形式。

1. 概念

概念是反映事物本质属性的一种思维形式。概念是最基本的思维形式,概念构成判断,判断组成推理。如果把思维比作有机体,那么概念就好比是思维的细胞。概念属于抽象思维,它所反映的不是事物的具体形象,而是事物的一般的共同的东西,而这种一般的共同的东西又是从感性的具体形象中抽象出来的。"古代""诗歌""电""三角形""物质"等都是概念。

概念有其内涵与外延。内涵指反映在概念中的对象的本质属性,概念的内涵也就是概念的含义。外延指概念所反映的那一类事物的总和,是指概念的适用范围。比如"人"这个概念的内涵是能够制造和使用工具、能思维的高等动物,人的本质在其现实性上是一切社会关系的总和。而它的外延则包括了一切人,老人、孩子、男人、女人、健康人、病人等。概念的内涵与外延是相互联系与制约的。当我们明确了概念的内涵(它是什么,而不是什么),也就是规定了概念的外延(它包括什么)。在思维过程中,我们要保持内涵与外延的一致性,既要保证内涵的正确性,又要避免外延扩大或缩小的毛病。

概念在人的工作、学习与日常生活中,特别是思维活动中有着重要作用。掌握了概念,才能真正理解客观事物,因为概念就是反映了客观事物的本质特性。只有掌握了概念,才能将一事物与另一事物区分开来。同时,只有概念明确,才能恰当地做出判断,才能合乎逻辑地进行推理,获得正确的认识。没有概念,人就不能进行思维。概念既是人们对客观事物认识的结果,又是人们新的认识的起点。

 **哲理故事**

一个年轻人请教一位哲学家,"人是什么?"哲学家沉思片刻,回答道:"人是用双腿走路的动物!"年轻人若有所思,点点头走了。第二天,他为哲学家抱来了一只鸡,他问道,"请问先生,这只鸡也用双腿走路,它也是人吗?"哲学家想了一下说:"人是用双腿走路、没有翅膀的动物。"第三天,年轻人又带来一只猩猩,"先生,猩猩也用双腿走路,而且也没有翅膀,它也是人吗?"哲学家又沉思了一会儿,回答说:"人是用双腿走路、没有翅膀、身上又没有毛的动物!"第四天,年轻人将猩猩身上的毛剃光,又带来见哲学家,"先生,猩猩也用双腿走路,而且也没有翅膀,身上也没有毛,它现在是人吗?"哲学家沉思着,不久露出了微笑,"你真是一个聪明人。现在我来告诉你人是什么:人是会思考的动物,像你一样。"听了哲学家的话,年轻人决定拜哲学家为师。可见,依靠明确而且正确的概念,人们才能对事物做出正确的判断。

2. 判断

判断就是对事物有所断定(肯定或否定)的一种思维形式。这里的"有所断定"是指对事物的肯定或否定。任何一个判断都是通过肯定或否定来反映客观现实,从而表现人们对客观现实的认识的。所以,对事物有所肯定或否定是一切判断的最显著的特征和标志。例如,"地球是绕太阳运行的","这场比赛甲队获胜"。判断离不开语句,语句是判断的物质外壳和语言表达形式。判断在形式上表现为概念与概念之间的联系或关系,它的内容是对事物之间联系或关系的逻辑反映。

在日常生活中,我们会做出许多判断,而且以这些判断为基准展开行动,所以做出正确的判断至关重要,因为只有正确的判断才会有正确的行动。运用概念做出判断是认识深化的标志。我们只有对相关事物做出各种正确的判断,才能说我们正确地认识了这个事物。如果我们对某个事物不能做出清晰的正确的判断,那么就说明我们对这个事物的认识还是模糊的。

哲理故事

中国历史上流传有"指鹿为马"的故事,说秦朝时丞相赵高权势日盛,作乱之心渐起。他怕自己的威信不够,担心大臣们不完全听他的,于是就先对群臣们做了一次测验:一天上朝,他当朝牵了一头鹿到秦二世胡亥处说是送一匹马给皇上。秦二世笑着说:丞相您错了,这是鹿而非马。然后问左右官员。大臣们有的惧怕赵高,就说是马;也有不吭声的;

也有实事求是说是鹿的。后来,凡是说鹿的都遭到了赵高的暗算,从此群臣都怕赵高。

"指鹿为马"完全是一种错误的判断,但由于赵高专权,人们却不敢指出其错误。可见,封建权势是怎样的可怕!

正确运用判断也是进行正确推理的必要条件和前提。只有推理的前提是正确的,才有可能推导出正确的结论。做出判断必须坚持真实、准确的原则。判断不能自相矛盾,使用判断前后要一致。

3. 推理

推理是从一个或几个已知判断中推出一个新判断的思维形式。它在形式上表现为判断与判断之间的联系。推理由前提和结论两个部分组成。推理所依据的判断叫作前提;推理所得到的判断叫作结论。推理不是判断的任意组合,而是由有推论关系的判断构成的。推理和概念、判断一样,是同语言联系在一起的。推理在语言上表现为复句或多重复句或句群。

正确的推理具有严密的逻辑性。要使推理得出正确的结论,推理过程就要符合两个条件:一是推理的前提必须正确,二是要遵守推理的规则。

 阅读思考

只有获得律师资格证书才能从事律师事务,张三还没有获得律师资格证书,所以张三不能从事律师事务。在这个推理里,大前提是"只有获得律师资格证书才能从事律师事务",小前提是"张三还没有获得律师资格证书",结论是"张三不能从事律师事务"。这样的推理是正确的。

现在有这样一个推理:所有的唯物主义都是科学的,机械唯物主义是唯物主义,所以机械唯物主义是科学的。

你认为这样的推理正确吗?为什么?

概念构成判断,判断组成推理。从概念、判断到推理,这三种逻辑形式既相互区别又相互联系。在人的理性认识中,任何一种形式都不可能孤立存在,三者是结合在一起的。

二、逻辑思维的科学方法

从感性认识上升到理性认识的过程就是人们运用一系列的逻辑思维方法对感性材料进行加工,透过现象抓住本质的过程。科学的逻辑思维方法是人们正确认识事物的工具。辩证逻辑的思维方法是以成对范畴的形式反映客观事物发展过程的不同侧面的联系。逻辑思维的方法主要有归纳和演绎、分析和综合。

1. 归纳和演绎

归纳是从个别事实中得出一般结论的思维方法。根据前提所考察对象范围的不同,归纳可分为完全归纳法和不完全归纳法。完全归纳法是根据一类事物对象中每一个对象都具有(或不具有)某种属性,推出该类对象全体都具有(或不具有)这种属性的推理方法。完全归纳法是对某一类事物全部对象的概括,所以得出的结论是必然的、可靠的。但是,完全归纳法在许多情况下是无法做到的,应用的范围很小。不完全归纳法是对某类事物部分对象的考察,发现它们具有某种属性,因而概括出该类事物都具有某种属性。不完全归纳法是对某类事物的部分对象做出概括,一般来说,考察的对象越少,得出结论的可靠性越小。无论考察多少对象,运用不完全归纳法不可能得出绝对可靠的结论。

哲理故事

《内经·针刺篇》记载了这样一个故事:有一个患头痛的樵夫上山砍柴,一次不慎碰破足趾,出了一点血,但头部不痛了。当时他没有在意。后来头痛复发,又偶然碰破原处,头又不痛了。这次引起了他的重视,以后头痛时,他就有意刺破该处,都能产生止痛的效果(这个樵夫碰的地方,即现在所称的"大敦穴")。那么,为什么这个樵夫每逢头疼时就想到要刺破足趾的某处呢?这是因为他根据自己以往的每次个别经验做出了一个有关碰破足趾能治好头痛的一般性结论了。在这里,就其所运用的推理形式来说,就是一个不完全的归纳推理。

归纳法在人们认识世界过程中的作用非常重要。任何事物都是个性和共性的统一,个性中包含着共性。通过归纳法,人们从个别事实中找出一般的、本质的东西。许多科学发现都是人们从大量的经验材料中归纳、总结出来的。

演绎法是由一般性知识的前提,推出个别性知识结论的思维方法,即从一般到个别的推理。人们在实践中掌握了某个一般原理之后,不需要对每件事都去亲自验证,运用演绎法就可以推导出个别结论。演绎包括大前提、小前提、结论三个部分。如"所有的商品都是有使用价值的","面包是商品","所以面包是有使用价值的"。因为大前提是对一般的表述,结论是对个别的表述,一类事物所共有的属性,其中每一个事物必然也具有,所以演绎得出的结论是必然的、可靠的。演绎要得出可靠的结论,必须具备两个条件:一是大、小前提要正确,二是推理过程要合乎逻辑。否则就不能保证结论的正确。

哲理故事

西晋名士王戎幼时就很聪明。有一次,他与一群孩子在路边玩耍时,看见路边的李子树上结着许多李子。其他孩子都争先恐后地爬到树上去摘李子,只有王戎站着不动。别人问他为什么不去,王戎的回答是:"靠近路边的树上还有这么多李子,这李子一定是苦的。"摘李子的孩子们一吃李子,果然是苦的。在这个故事里,王戎不自觉地运用了概念、判断和推理,思路符合逻辑,推理十分正确。在这个推理中,大前提是:"凡是路边树上有很多李子又没人摘,它的果子一定是苦的";小前提是:"这棵树在路边,李子很多又没人摘";结论是:"这棵树上的李子一定是苦的。"

演绎法在人们的认识中也具有十分重要的作用。首先,演绎法是逻辑证明的工具。由于演绎是一种必然性的推理,在推理形式合乎逻辑的条件下,推理的结论直接取决于前提,所以人们可以选取确实可靠的命题作为前提,经过推理证明或反驳某个命题。这个作用在一切用公理构造起来的理论体系中,表现得最突出。整个欧几里得几何学就是一个演绎推理的系统。可以说宏伟的经典力学大厦是以牛顿运动定律、万有引力定律、力的独立作用原理为大前提,通过演绎而建立起来的。其次,演绎法是做出科学预见的手段。把一般原理(理论)运用于具体场合做出的正确推论就是科学预见。由于科学理论是已经被实践检验过的真理,由此做出的推论就是有科学依据的,它对实践有指导作用。

哲理故事

20世纪20年代,人们发现在β衰变中有能量亏损现象,衰变放射出来的电子带走的能量小于原子核损失的能量。为了找到这一现象的真实原因,德国物理学家泡利以能量守恒与转换定律为大前提,运用演绎法,在1931年做出了科学预言:在β衰变中有一种还未被发现的微小中性粒子带走了部分能量。意大利物理学家费米把它命名为"中微子"。后来经过20多年的努力,到1956年,人们终于在实验中确证了这种中性微粒——中微子的存在,这是演绎法的一个辉煌成果。

归纳和演绎反映了人们认识事物的两条方向相反的思维途径,前者是从个别到一般的思维运动,后者是从一般到个别的思维运动。一方面,归纳是演绎的基础,演绎以归纳得出的结论作为前提。没有归纳得出的一般原理和抽象规定,演绎就不可能进行。另一方面,演绎给归纳提供指导,为归纳提供一般性的理论原则。归纳只是对现存的有限的经验材料进行概括,因而不能保证归纳结论的普适性,它得到的结论不一定可靠,它必须靠演绎来修正与补充。对事实进行归纳的指导思想往往是演绎的结果,归纳的结论需要演绎来论证。

哲理故事

达尔文对大量的观察、实验材料进行归纳,得出"生物进化"这个结论;但他在得出"生物进化"这个结论之前,早就接受了拉马克等人的有关生物进化的思想和赖尔的地质演化思想,这些思想实际上构成了他归纳经验材料的指导原则,因为有了这些思想,达尔文的考察、归纳才显得有目的性和选择性。

曾经有一段时间,人们认为所有哺乳动物都是胎生的,这是一个通过不完全归纳方法得出的结论。这个结论是否正确呢?这就需要演绎方法来论证,即把这个用归纳所得的结论作为演绎的前提,看能否推出必然的结论。因为如果所有哺乳动物都是胎生的,鸭嘴兽是哺乳动物,那么,鸭嘴兽也应该是胎生的。然而,人们发现,鸭嘴兽虽然是哺乳动物,它却是卵生的而不是胎生的。这说明,用作演绎推理的前提也就是归纳推理的结论并不正确。由此可见,归纳方法需要演绎方法的验证和补充。

正因为在思维运动中,归纳和演绎都有着自己的缺陷和局限性,所以我们不能对任何一种方法片面地强调或夸大。只有将两者相互结合起来,才能促进思维的发展与认识能力的提高。一般来说,归纳在对经验材料的研究中起着重要作用;而在理论思维和建立理论体系的过程中,演绎就成为主要的思维方法。

2. 分析与综合

分析是把认识的对象分解为不同的组成部分、方面、特性等,对它们分别加以研究的思维方法。客观事物都是由若干方面、特性、因素和阶段构成的,如果我们不用分析的方法予以考察,我们的认识就只能停留在表面,而不能获得内部的、本质的、必然的认识。例如,要认识人体结构,就要把人体分解为神经系统、消化系统、循环系统、骨骼系统、呼吸系统、内分泌系统等,分别加以研究和认识。要了解一本书的观点和内容,必须从章、节入手加以了解和分析。分析在科学研究中有重要作用。自然科学史上的许多重大突破,都是人们根据大量的经验材料的分析,使认识逐步深入事物的内部层次,逐步揭示出事物的深层的本质。

哲理故事

1803年10月,被称为"化学之父"的道尔顿提出了原子论。他认为原子是不可分的细小微粒,同一种元素的原子的形状、质量以及各种性质都是相同的,不同元素的原子的形状、质量以及各种性质则各不相同。在对原子的进一步分析中,他发现在黑色氧化铜中,和一个氧原子化合的是一个铜原子;而在红色氧化铜中,和一个氧原子化合的是两个铜原子。前者和后者含铜量的比为1∶2,他由此发现了倍比定律。与此同时,意大利化学家阿佛伽德罗提出了分子的概念,形成了原子分子学说。

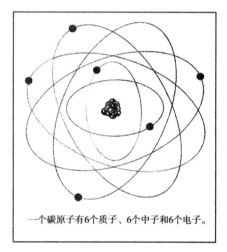

一个碳原子有6个质子、6个中子和6个电子。

该学说认为,一切物质都是由分子构成的,分子是保持原有物质的一切化学性质的最小微粒,分子用一般物理方法是不能再分割的,而通过化学过程,可使它分解为原子,原子是化学方法不能再分割的最小质点。随着实践的深入,19世纪下半世纪发明了真空管,实现了真空放电,因而发现了阴极射线是荷电的电子流。1897年,汤姆森证实了阴极射线粒子比原子要轻,带有负电荷,从而发现了第一个亚原子粒子——电子。1896年,贝克勒尔发现放射性,第一次表明原子可能碎裂。1886年,在关于气体放电的研究中发现了极隧射线,并识别出一种基本的正粒子——质子。四年后,又发现了一种具有和质子差不多质量但又不带电的粒子——中子。正是通过反复分析和试验,人们才逐步揭示了原子的深层构造和本质。

综合是把分解开来的不同部分、方面再组合为一个统一整体而加以研究的思维方法。客观事物的各要素既相互独立,又彼此联系,不能分割,所以要整体把握事物,透彻掌握事物的内部联系,必须把分析的结果综合起来。综合不是各个部分的简单相加,也不是各种因素的简单凑合,而是按照对象各部分间的有机联系,从总体上把握事物的方法。

> 哲理故事

19世纪60年代,人们已经发现了63种元素。化学家们分析了元素的各种性质,又把这些东西联系起来,进行综合,想寻找出某些规律性的东西。俄国化学家门捷列夫经过长期的分析、综合、思考,做了63个卡片,把63种元素的性质写在上面,探索它们的规律。最后,他把元素按原子量逐渐增大的顺序排列起来,又按性质相似上下对应排列。这样,经过20年的努力,他提出元素性质随着原子量的增加而呈周期性的变化。例如,元素的金属性随着原子量的递增,而周期地变为非金属。其他如熔点、原子体积以及化合物的酸碱性等,也都是有规律地周期地变化着。这就是元素周期律。在此基础上,他通过辩证综合,科学地预言了有一种"亚铝"元素存在。他说:"这一金属具有比铝强的挥发性,所以可以用延用光谱的方法来发现它。"1875年,法国化学家勒科克·德·布瓦博德朗用光谱分析方法在闪锌矿中发现了这种元素,命名为"镓"。1880年,瑞典人尼尔逊发现了门捷列夫所预言的另一种元素"亚硼",命名为"钪"。1886年,德国的文克来又发现了他预言的"亚硅",命名为"锗"。在元素周期表的发现中,分析与综合共同起了作用。

分析与综合是密不可分的。综合离不开分析,分析是综合的基础,没有分析,综合就不能深入。分析离不开综合,分析以综合为目的,没有综合,就不能统观全局。分析与综合是统一的科学思维方法,我们既要注意在综合指导下的深入分析,又要注意在分析基础上的综合。人的认识就是一个分析、综合、再分析、再综合的循环往复、不断深化的过程。

三、学会创造性思维

创新是一个民族进步的灵魂,是一个国家兴旺发达的不竭动力。创新需要有创造性人才。做创造性人才,不仅需要有渊博的知识和良好的知识结构,而且需要有科学的态度和严谨治学的学风。更重要的是,必须具有勇于探索的创造性思维。

1. 创造性思维的特点

创造性思维是相对于常规性思维而言的。常规性思维是指从前在类似情况中所使用过的办法去解决现在问题的思维活动。创造性思维与之相对,对于思维者个人来说,是指以先前所未有过的、富有创见的方式对事物间的联系、事物的属性及其本质进行思考的思维活动。创造性思维往往能够提出有价值的新思想去解决新问题。

创造性思维的特点是独创性和新颖性,是指具有超越固定的、习惯的认知方式,以前所未有的新角度、新观点去认识事物,提出不为一般人所有的、超乎寻常的新观念的特点。它是对以往的知识和技术的突破,开拓了新的领域,创造了新的方法。

哲理故事

第二次世界大战后,战胜国决定在美国纽约建立联合国,可是办公场所建在哪里?在寸土寸金的纽约,要买一块土地谈何容易。特别是联合国机构刚刚建立,身无分文,硬性摊派不合适,征求募捐也难。正当各国政要一筹莫展时,美国著名的洛克菲勒财团决定投下一笔巨资,在纽约买下一大片土地,无偿赠送给联合国。同时也将这块土地四周的地面都买下来。消息传开,各财团舆论哗然,纷纷嘲笑洛克菲勒家族:如此经营,不要几年,必然沦落!洛克菲勒财团则不管他人如何议论,决心不变,坚持将土地笑脸奉送。几年之后,联合国大厦建起来了,联合国事务开展得红红火火,那块土地很快变成全球的一块热土。于是它四周的地价也不断升值,几乎是成倍成倍地飙升。结果洛克菲勒财团所购买的土地价值直线上升,所得利润相当于所赠土地价款的数十倍、上百倍。

2. 培养创造性思维

首先,培养创造性思维必须有强烈的问题意识,也就是凡事多问个"为什么",这是进行创造性思维的基本特征。有创造精神的人不同于常人的地方就在于,他总是对貌似"理所当然"的常识提出怀疑和问题,并提出新的观点和理论。

哲理故事

1964年6月29日,王永志大学毕业后第一次走进戈壁滩,执行发射中国自行设计的第一枚中近程火箭任务。实验发射时,火箭射程不够。专家们都在考虑怎样再给火箭肚子里多添加点推进剂,无奈火箭的燃料贮箱有限,再也喂不进去了。正当大家绞尽脑汁想办法时,王永志站起来说:"火箭发射时推进剂温度高,密度就要变小,发动机的节流特性也要随之而变。经过计算,要是从火箭体内泻出600公斤燃料,这枚火箭就会命中目标。"王永志在强烈的"问题意识"的引导下,大胆进行逆向思维,创造性地解决了我国第一枚火箭发射的关键问题。

其次,培养创造性思维,要有感知新事物的能力。人天生有探索和创新的兴趣,我们应该注意保留和发展这种感知新事物的能力。许多重大发明、高深理论,其实就来源于我们司空见惯的日常生活中。有的人能发明,有的人永远都想象不到,关键在于是否善于观察、善于思考、善于发现,时时留意周围的事物,及时捕捉创造的灵感。

哲理故事

春秋战国时期,我国有一位创造发明家叫作鲁班。两千多年来,他的名字和有关他的故事,一直在人民当中流传着,后代土、木工匠都尊称他为祖师。

鲁班大约生于公元前507年,本姓输,名班。因为他是鲁国人,所以人们尊称他为"鲁班"。有的书上写作"公输般"或"供输盘"。他主要是从事木工工作。那时人们要使树木成为既平又光滑的木板,还没有什么好办法。鲁班在实践中留心观察,模仿生物形态,发明了许多木工工具,如锯子、刨子等。鲁班是怎样发明锯子的呢?相传有一次他进深山砍树木时,一不小心,手被一种野草的叶子划破了,他摘下叶片轻轻一摸,原来叶子两边长着锋利的齿,他的手就是被这些小齿划破的。他还看到在一棵野草上有条大蝗虫,两个大板牙上也排列着许多小齿,所以能很快地磨碎叶片。鲁班就从这两件事上得到了启发。他想,要是有这样齿状的工具,不是也能很快地锯断树木了吗!于是,他经过多次试验,终于发明了锋利的锯子,大大地提高了工效。

第三,培养创造性思维,还必须敢于突破思维定式。思维定式是指思维在形式上常常采用的、比较固定的甚或是相对凝固的一种思维逻辑、思维推理、思维内容。创造性思维要求人们不被已有的经验所束缚,对一事物的认识,不能习惯于因循守旧、墨守成规,而应该多角度、全方位地去认识。

哲理故事

据说有一位老师在给几十个顽皮可爱的孩子们上课时,出了一道颇能消磨时间的算术题,他要孩子们计算一下 $1+2+3+4+\cdots+97+98+99+100$ 等于多少。老师心里想着,要加的数目这么多,可得费些工夫呢!而且一不留心,答数就会弄错的。可是,没过多久,就有个孩子举起手并说出了正确的答数。老师自然感到很吃惊,这孩子从哪儿来的答数呢?原来这位小学生以非常敏锐的观察力,看出这一连串要加的数目(从"1"到"100")中,第一项和倒数第一项,第二项和倒数第二项,第三项和倒数第三项……每对的和数全都为"101",即 $1+100=101,2+99=101,3+98=101\cdots 50+51=101$,而且,这样排列成对的正是从"1"到"100"之间的全部数目。

由此可见,从"1"到"100"之间,凡是首尾距离相等的每两项之和都是"101"。根据这个性质,又根据排列成对的序数(可知共有 50 对),便能迅速找到正确答案,即 $101\times50=5\ 050$。这就是德国的数学家高斯少年时代的故事,当时他才 10 岁。高斯的聪明就在于善于发现,敢于突破思维定式。

爱因斯坦说过:"想象力比知识更重要,因为知识是有限的,而想象力概括着世界的一切,推动着进步,并且是知识进化的源泉。"创造性思维人人都有,只是程度不同而已。无论哪一个年龄层次,哪一个研究领域中思维着的人,都创造过同自己的认识结构、思维方式和心理构成相统一的创新思维成果。普通劳动者中的"小发明""小革新"以及"绝活"等,都是一定水平创造性思维的产物,创造性思维并非少数天才人物的专利品。

思考与练习

一、单项选择题

1. 有位哲学家说过:"理论不能解决的那些疑难,实践会给你解决。"这说明了 （　）
   A. 实践是解决问题的唯一途径　　　　B. 实践是理论的根源
   C. 理论和实践要紧密结合,相互统一　　D. 理论不能解决任何疑难问题

2. "试玉要烧三日满,辨材须得七年期。"这说明了 （　）
   A. 实践是认识发展的动力　　　　　　B. 感性认识有待于上升到理性认识
   C. 实践是认识的目的　　　　　　　　D. 实践是检验真理的唯一标准

3. 在实践问题上坚持唯物论的表现在于坚持实践具有 （　）
   A. 主观能动性　　　　　　　　　　　B. 客观性
   C. 创造性　　　　　　　　　　　　　D. 社会历史性

4. 煤在空气中燃烧时发出火焰,产生热量;铁在空气中慢慢生锈。这两种现象都是氧化的具体表现。这说明 （　）
   A. 事物的本质是现象的表现　　　　　B. 事物的现象都是本质的表现
   C. 认识了本质就等于认识了现象　　　D. 认识了现象就等于认识了本质

5. 只有全面考察根、茎、叶、花、果之间的内在联系,把这些要素综合成为一个整体和过程,才能弄清种子植物的发育、生长和衰亡。这说明了 （　）
   A. 分析和综合同等重要
   B. 分析和综合密不可分
   C. 只有对事物进行分析,才能认识事物的本质和规律
   D. 只有对事物各种要素从内在联系上加以综合,才能正确地认识整个客观对象

二、多项选择题

1. 下列说法能体现实践对认识起决定作用的有 （　）
   A. 不入虎穴,焉得虎子　　　　　　　B. 秀才不出门,全知天下事
   C. 不经一事,不长一智　　　　　　　D. 活到老,学到老

2. 实践之所以是认识发展的根本动力,是因为 （　）
   A. 实践的发展提供新的经验,提高人的认识能力
   B. 实践的发展不断提出新的认识课题
   C. 实践的发展为认识提供新的认识工具和技术手段
   D. 认识是由浅入深、由低级到高级地发展的

3. "人们在实践中对客观事物的直接反映反复了多次,在大脑中积累了一定数量的感性材料之后,就会产生认识过程的质变,上升到理性认识。"这句话说明 （　）
   A. 感性认识数量上的总和就是理性认识
   B. 感性认识重复多次就自然成了理性认识
   C. 感性认识是认识的起点,是理性认识的来源

D. 感性认识是理性认识的基础
4. 下列有关原因和结果关系的认识正确的有 (　　)
A. 有果必有因
B. 先发生的事件是原因,后发生的就是结果
C. 一因多果的情况是存在的
D. 原因和结果是会相互转化的
5. 认识了事物的现象不等于认识了事物的本质,这是因为 (　　)
A. 现象是表面的东西,而本质是内在的东西
B. 现象是事物的表面性和外部联系,而本质是事物的根本性质
C. 有些事物本质不同,但现象上可能有些相似之处
D. 现象是事物本质的表现,两者是不可分的

三、辨析题(判别正误并说明理由)
1. 实践是有意识、有目的的能动性活动,因此,实践是主观性的活动。
2. 俗话说:眼见为实。所以,只有人们感觉器官直接感知的,才是真实可靠的。
3. 必然性是有原因的,偶然性是没有原因的。

四、简述题
1. 如何正确理解实践和认识的关系?
2. 反对经验主义和教条主义的基本要求是什么?
3. 如何理解现象和本质的辩证关系及其启示?
4. 如何理解因果联系的特点及其辩证关系?
5. 简述必然性和偶然性的辩证关系及其启示。
6. 青年学生应如何培养自己的创新思维?

 探究与实践

迈克尔·戴尔是美国《财富》评出的500强企业总裁中最年轻的一位。1984年,仅19岁的他就创办了"戴尔电脑公司"。这在很大程度上是他在读初中、高中时就积极参加社会实践的结果。社会实践活动造就了他早熟、早成才。

读初中时,戴尔就热衷于集邮活动。为了购买邮票,他和同伴利用假期在餐馆洗盘子。他参加了邮票拍卖会,目睹拍卖人赚了不少钱。于是他着手第一次生意冒险:通过刊物登"戴尔集邮社"广告,拍卖邮票,结果获得成功。

读高中时,戴尔利用暑期推销《休斯敦邮报》,并从中找到了窍门,发现有两种人大多会订阅邮报,一种是刚结婚的人,另一种是刚搬进新房的人。于是他就通过结婚登记处和银行贷款处找到这两种人的名单、地址并向他们推销,结果订户大增,他也因此获得了不菲的收入。正是在读书期间参加商业活动,培养了戴尔捕捉商机的敏感性和讲究效率的作风。

戴尔从小就爱好动手,喜欢制作。15岁时,他吵着让父母为他买了一台电脑。一进屋他就迅速地将新电脑解体,然后又组装好,为的是了解电脑是如何运作的。他不断地购

买零部件,改装成新的功能强大的电脑。他迈出了关键的一步——想办法增强电脑的功能,而不是像同龄人那样沉溺于电脑游戏当中。读高中时,他已能熟练地改装电脑,以低价购买零件,再把升级的电脑卖给他人。他甚至不惜旷课参观了全美电脑展览,大开了眼界,体悟到了电脑的发展方向。

在这些丰富实践的基础上,戴尔在刚进入大学一年级时就申请了营业执照,大一下学期就成立了个人电脑有限公司。20岁时,他就成功地制造出了第一部286电脑。

请收集有关科学研究、发明创造、管理创业等方面成功者的事例,结合本章内容,开展一次以"哲学与生活"为主题的故事会活动。

第四章　了解社会发展的基本规律

《鲁滨孙漂流记》是英国作家丹尼尔·笛福的代表作。主人翁鲁滨孙出身于一个体面的商人家庭,渴望航海,一心想去海外见识一番。船在途中遇到风暴触礁,船上水手、乘客全部遇难,唯有鲁滨孙一个人幸存下来,只身漂流到一个杳无人烟的孤岛上。他用沉船的桅杆做了木筏,一次又一次地把船上的食物、衣服、枪支弹药、工具等运到岸上,并在小山边搭起帐篷定居下来。接着他用削尖的木桩在帐篷周围围上栅栏,在帐篷后挖洞居住。他用简单的工具制作桌、椅等家具,猎野兽挖野菜为食,饮溪里的水,度过了最初的困难期。他开始在岛上种植大麦和稻子,自制木臼、木杵、筛子,加工面粉,烘出了粗糙的面包。他捕捉并驯养野山羊,让其繁殖。他还制作陶器等生活用具,保证了自己的生活需要。这样,鲁滨孙在岛上独自生活了24年后,离开荒岛回到英国。

从表面上看,鲁滨孙可以远离社会,独自在荒岛上生活。但事实上,鲁滨孙生存所需的物品、知识和技能都来自人类社会。因此,人们是无法割断与社会的联系的。每个人都是社会的成员,无时无刻不受到社会的影响。那么,什么是"社会"呢?社会又是如何发展的呢?要回答这些问题,就要学习哲学中的社会历史观。

第一节　社会存在与社会意识

如同物质和意识的关系问题是哲学的基本问题一样,在纷繁复杂的社会历史领域,同样也存在着一个最基本的问题,即社会存在与社会意识谁是第一性的问题。社会存在和社会意识,是对社会历史中物质现象和精神现象、物质关系和思想关系的最本质的概括,是社会历史观的基本问题。

一、社会存在及其作用

历史唯物主义认为,社会存在决定社会意识。在原始社会的生产条件下,人们不可能产生登月计划。同样,在现代化大生产的条件下,人们也很难理解图腾崇拜对原始人的重要意义。社会存在是指社会生活的物质方面,就是不依赖于人们的意识为转移的社会物质生活过程,主要是指作为生产力和生产关系统一体的社会生产方式,还包括地理环境和人口因素。

1. 地理环境在社会发展中的作用

地理环境是指人类生存和发展所依赖的各种自然条件的总和,包括气候、土壤、地形、地貌、矿藏和动植物分布等。地理环境是人类社会物质生活的必要条件之一,对社会发展有重要的制约和影响作用。

第一,人类的生存依赖于地理环境。地理环境就是社会发展的自然环境、自然条件、自然基础,是社会物质生活和社会发展的经常的必要条件之一。一方面,地理环境是人类赖以生存的场所,离开它人们就无法生存;另一方面,地理环境为人类提供生活资料和生产建设的资源。

人类创造历史的活动是在一定的空间内进行的。从这个意义上说,地理环境似乎就是人类活动的背景,起着类似舞台、布景乃至道具的作用。但是,人类历史创造活动的一个重要方面是通过和自然界之间进行的物质变换,获取自己发展所需要的资源,如土地、矿藏、动植物等。同时,地理环境自身也在与人类活动的交互作用中不断改变面貌。地理环境作为人类社会发展的经常的必要的条件之一,为人类的发展提供有利的或不利的条件,从而在一定程度上加速或延缓人类生产的发展。

资料卡片

在人类发展的初始阶段,由于生产力水平低下,人与自然的关系是简单和狭隘的。最早,人们所利用的更多的是借以获得生活资料的自然资源,如土壤肥沃、物产丰富、水资源充沛,对发展农业生产至关重要的地区就成了人类文明最古老的发源地,四大文明古国都产生于自然环境优越的地区。黄河流域孕育了以中国为代表的东亚文明,古印度文明起源于南亚的印度河流域,古埃及文明起源于北非的尼罗河流域,古巴比伦文明起源于西亚的两河流域。可见,优越的自然环境能够促进人类的发展。

考古学家经过长期探索、研究,发现中国在新石器时代的遗址分布,与当代中国的人口布局十分相似,相对集中于河网密布的东半部。人们的食物结构也是南方种植水稻、北方种植粟稷。在距今9 000年前,就已经出现栽培水稻,说明水稻的发源地在中国。8 000年前的先民已经雕琢出玉器,发明了纺织技术,在音乐方面出现了七声音阶,还出现了刻画符号。7 000年前的遗址中出土的独木舟和木桨,说明已经有了水上交通工具,牛已被驯养。6 000年前仰韶文化的居民创造了绚丽多姿的彩陶文化,还出现了用夯筑技术建造的小城堡。5 000年前已养桑殖蚕,并用蚕丝织出了丝织品,还掌握了人工冶铜的技术,铸造出青铜刀一类小工具。4 000年前出现了文字,在长江流域和黄河流域各有一批古代城市在地平面上崛起。

第二,地理环境通过对物质生产的影响,对社会发展起着重要的制约和影响作用。不同国家在生产门类布局上的差别以及经济发展中的不平衡,往往同其所处的地理环境有着不可分割的联系。

阅读思考

河姆渡遗址为举世闻名的新石器时代遗址,是全国重点文物保护单位。位于浙江余姚市罗江乡河姆渡村东北,面积约4万平方米,1973年开始发掘。遗址有4个相继叠压的文化层,其中第三、四层是长江下游和东南沿海已发现的新石器时代最早文化层,距今6 000~7 000年。

人工栽培的水稻遗物是河姆渡遗址最重要的发现,也是中国迄今发现最早的农作物。以往的国际文献认为,印度是亚洲水稻的原产地。但印度最早的稻谷发现于中部的卢塔尔,经C14测定,它的时代为公元前1700年,比河姆渡遗址出土的水稻晚3 000年。河姆渡遗址与大量稻谷伴随出土的有:翻土工具骨耜194件、木耜2件及中耕农具木铲3件、收割工具骨镰9件和脱壳工具木杵2件

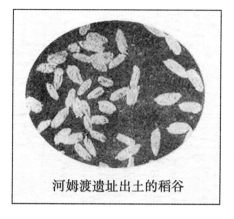

河姆渡遗址出土的稻谷

等;在遗址西北部的考古勘探中,发现第一和第二期文化分别有古水稻田遗迹。这说明河姆渡的稻作农业有一个完整的体系,已进入"耜耕农业"阶段。可见,在水网交织的江南出现原始的人工栽培水稻,也是受到了地理环境的影响。

你还能举出其他有关地理环境影响社会生产的事例吗?

地理环境对于社会的存在和发展的重要意义是不容忽视的。但是,决不能把自然环境对社会发展的影响作用夸大为决定作用。这主要有以下两个原因:

一是地理环境不能决定社会制度的性质和社会制度的更替。地理环境不同的国家,社会制度的性质有可能相同。而地理环境大致相同的国家,社会制度的性质也可能不同。这些情况都说明,地理环境的状况及其变化,与社会制度的性质和社会制度的更替没有本质的、必然的联系。

 阅读思考

地理环境决定论者认为,人和动植物的发展一样,都是受地理环境决定的,人类的体质和心理状态、人口和种族的分布、文化水平的高低、经济的盛衰、国家的命运、社会的前途等都受到地理环境的支配。如这种观点的创始人、著名的法国启蒙学者孟德斯鸠认为,气候是决定因素,"气候的权力强于一切权力"。酷热有害于力量和勇气,寒冷赋予人类头脑和身体以某种力量,使人们能够从事持久、艰巨、伟大而勇敢的行动,因此,"热带民族的懦弱往往使他们陷于奴隶地位,而寒带民族的强悍则使他们保持自由的地位。所有这些都是自然原因造成的"。

你怎样看待这种观点?这样的观点会带来怎样的危害?

二是地理环境只有通过生产过程或生产方式才能对人类历史发生作用。在人类发展的初始阶段,由于生产力水平低下,人与自然的关系是简单和狭隘的。最早,人们所利用的更多的是借以获得生活资料的自然资源,如土壤的肥力、渔产丰富的水等。随着人类进入较高的发展阶段,劳动资料的自然资源,如瀑布、河流、森林、金属、煤炭等,获得了更重要的意义。如今,人类活动的地理环境的范围已从陆地表面伸展到了外层空间、洋底和地层深处,而人类所能利用的自然物质、自然力和自然条件也日益增多、扩大和深化了。

这说明社会生产力发展水平越高,对自然条件的利用程度也就越大;社会生产越发展,就会在越来越大的程度上开发新的自然资源领域,扩大人类和自然之间越来越多的联系。可见,地理环境只有成为人类生产的要素时,才能影响社会的发展。因此,自然环境的作用要受社会发展状况的制约,特别是受物质资料生产方式的制约。环境对社会发展而言,只能起到影响作用。

总之,地理环境的范围、深度、对人类社会的影响,在社会发展的各个阶段各不相同,它是随人类发展而变化的,是人与自然的复杂关系的产物。地理环境是人类生活、生存的必要条件之一,但不是决定性的条件。

2. 人口因素在社会发展中的作用

人口因素指的是人口的数量、质量、构成、分布密度和增长速度等。人口因素也是社会存在和发展的必要前提,对社会发展有重要的制约和影响作用。

第一,人是从事物质生产活动和其他一切社会活动的主体,是一切社会关系的承担者。一方面,社会是人的社会,人是社会的主体,没有一定数量人口的存在,就没有社会;另一方面,没有物质生产活动,社会同样也无法存在和发展,而人口是物质生产的自然基础。人口作为自然前提,它对社会的存在、发展的影响和作用是不可低估的。

哲理故事

由于近年来新加坡新生儿出生率急剧下降,该国政府正急于扭转这一趋势,为此推出了亚太地区最宽松的产假政策来吸引适龄夫妻多生小孩。此外,还制定了一系列激励措施以提高该国生育率,预计政府每年会为新措施付出20亿新元(1新元约合5.1元人民币)。为了使年轻夫妇能早日生育,新加坡政府将允许有子女的夫妇优先购买政府保障性住房"组屋"。该计划还包括给予男方一星期的带薪陪产假,雇主被要求在限期制定出各种生育假的细则。新加坡政府还将为新生儿提供3 000新元的公积金保健储蓄。

新加坡政府官员表示,政府方面正在考虑一系列举措来鼓励女性生更多的小孩,包括增加婴儿照料机构,给新生儿父母增加福利和减税以及在工作场所提供更适合年轻母亲的一些便利。他说:"无论全球化趋势多么明显,新加坡仍然需要把公民的人数保持在一定的水平,这不仅是为了发展经济,而且也是为了保持国家的特色和价值观。"这样才能确保该国持续繁荣和社会发展。

人是社会的基础,人口负增长是现代西方社会发展出现的矛盾。所以说,人多了不行,太少了形成负增长也不好。万事万物发展都有度,要求我们科学地把握。

第二,人口的数量和质量等因素对社会进步起加速或延缓的作用。人口的密度、人口的数量和质量、人口的构成、人口的增长率以及人口的分布状况等,都从不同的方面和程度对社会经济和其他方面的发展产生影响,起着有利或不利、加速或延缓的作用。人口分布以及人口的素质都较大地影响了一个国家和地区经济的发展。

如果人口数量过多、密度过高、增长过快,就会在衣、食、住、行、教育、卫生各方面,影响生产力积累以及物质生产发展的规模和速度,给社会造成沉重负担。另一方面,生产力的发展和科学技术水平的提高,对人口质量的需求越来越高,因而优生优育,不断改善、优化人口的职业构成、教育构成、技术熟练程度的构成以及年龄和性别构成等,越来越成为生产发展和社会进步中起重要作用的因素。由此可见,既不能简单地说人口数量越多、密度越大、增长越快越好,也不能说人口数量越少、密度越小、增长越慢越好。只有与物质生产相适应的人口状况,才最有利于促进社会的发展。

资料卡片

　　我国是一个发展中的人口大国,目前存在的人口问题主要有:一是人口数量大。1953年,我国人口总数为6亿多,1964年为7.2亿,1982年为10.3亿,1990年达11.6亿,2017年末我国大陆总人口已增加到了13.9亿。据预测,2025年前后,我国总人口将达15亿~16亿,近年来,由于计划生育成效显著,人口的自然增长率明显下降,每年仍净增人口600多万。

　　二是人口素质低。人口素质低下,是我国目前人口问题的主要方面。人口素质低下,一方面表现为人口的身体素质不高。根据有关机构统计,目前我国有8500多万残疾人,平均不到20人中就有一个残疾人。另一方面,表现为全民族的文化素质不高。主要表现在:人口粗文盲率大大高于发达国家2%以下的水平;大学粗入学率大大低于发达国家;平均受教育年限也低于发达国家的人均受教育水平,并且城乡人口受教育程度存在明显差异。

　　三是老龄化程度提高。中国60岁及以上人口为1.78亿人,占13.26%,其中65岁及以上人口为1.19亿人,占8.87%,上升1.91个百分点。未来10年还将新增1亿多老年人,到2020年,中国60岁以上人口将接近20%。人口老龄化将成为新的社会问题。

　　因此,如何使一个"人口大国"变成一个"人才强国"的确是值得每一个中国人深思的问题。所以,提倡计划生育,有计划地控制人口的增长,不断发展教育,提高人口素质,对社会生活和社会发展是必要的、有利的。

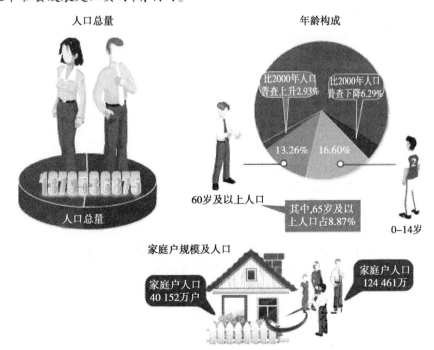

人口因素虽然是影响社会发展的一个重要因素,但它对社会发展不起主要的决定作用。这是因为:第一,人口不能决定社会的性质。人口素质、人口数量不能说明一个国家为何是这种而不是那种社会性质,同时,一个国家的社会发展程度也不能用人口问题来说明。第二,人口不能决定社会制度的更替。人口的多少不能解释旧制度为何被新制度所代替。第三,人口也不是社会革命的原因。无限夸大人口的作用,把人口看作是社会发展的决定因素的观点是错误的。世界人口加速增长的现象,绝不是单纯的生物学规律决定的,更重要的是经济、政治和文化等诸多因素共同作用的结果。缓解和消除人口剧增的压力,也只有通过社会途径才能实现。

3. 生产方式在社会发展中的作用

地理环境和人口因素虽然在社会发展中发挥着重要的作用,但它们只是影响着社会的发展,其本身并不能决定社会发展的根本方向和基本趋势,而且这种影响作用也只能通过物质生产才能表现出来。因此,在社会发展中真正起着决定作用的是物质资料的生产方式。

物质资料生产方式是指人类向自然界谋取物质生活资料的方式,是特定的生产力和生产关系的统一。社会生产方式包括生产力和生产关系两个方面。生产方式在社会发展中的决定作用表现在以下几个方面:

第一,社会生产方式是人类社会赖以存在的基础。人类为了生存,为了从事政治的、经济的、科学的、文化的、艺术的活动,必须在解决了食物、衣服、住房等生活资料的基础上才能进行。为了谋取生活资料,就必须进行生产。而生产就必须"要用一定的方式来进行"。作为生产力和生产关系统一体的社会生产方式,既是社会和自然相互关系、相互交换物质和能量的纽带,又是社会有机体的"骨骼"。正如马克思所说:任何一个民族,如果停止劳动,不用说一年,就是几个星期,也要灭亡,这是每一个小孩都知道的。

第二,社会生产方式决定着一定社会的结构、性质和面貌。物质生活制约着整个社会生活、政治生活和精神生活的过程。有什么样的社会生产方式,就有什么样的社会结构。社会中的阶级结构及政治、经济、文化等结构都直接或间接地决定于社会生产方式。

哲理故事

在 5 000 年前,从黄河流域到长江流域的先民们,大都进入部落、部落联盟阶段。透过有关这一时期的传说记载,可以大体窥见从原始社会解体到国家产生这一阶段的社会变革的过程。

在私有制度的刺激下,部落联盟的各级军事首领不断加强了战争活动,在对内对外战争日益频繁的情况下,众多的部落首领逐渐转化成为世袭贵族,建立世袭王权的条件已经逐渐成熟。

黄帝,姓姬,号轩辕氏、有熊氏,原居于西北,后迁徙至涿鹿(今河北涿鹿东南)一带。炎帝传为神农氏,姜姓,号烈山氏或厉山氏。时南方强悍的九黎族,在其首领蚩尤率领之下,和炎帝争夺黄河下游地区,炎帝失败,向北逃窜,向黄帝求救,并结为联盟。黄帝统帅炎、黄两部落与蚩尤战于涿鹿之野,黄帝在大将风后、力牧的辅佐下,大败蚩尤,结果蚩尤被杀。涿鹿之战后,炎、黄两部落发生战争,黄帝击败了炎帝。从此,中原各部落都尊黄帝为共主,炎、黄等部落在黄帝的领导下融合成华夏民族。故中华民族称为"黄帝后裔",又因炎、黄两部落融合成华夏民族,故也称为"炎黄子孙"。

可见,生产方式的变革决定了社会变革,引发了社会制度、性质和面貌的巨大变化。

第三,社会生产方式的变化决定着社会形态的更替,决定了社会由低级向高级发展。随着一种生产方式转变为另一种生产方式,原来的社会形态也就被新的社会形态所代替。人类社会就是这样进行着从原始社会到奴隶社会、封建社会、资本主义社会、社会主义社会的依次更替。

资料卡片

在原始社会早期,由于生产力水平极其低下,人们共同占有生产资料,集体劳动,平均分配产品,这就决定了原始公有制的社会。随着生产力的发展,出现了剩余产品、社会分工和产品交换,于是产生了生产资料的私有制。占有生产资料的人成为奴隶主,出现了奴隶社会。随着生产力的进一步发展,个体的农业劳动成为劳动的主要形式,奴隶开始以家庭为单位租用奴隶主的土地进行生产,逐渐出现了封建社会的生产方式,于是社会发展到了封建社会,奴隶变成了农民或农奴,具有了一定程度的人身自由和自己的私人经济。后来,随着社会化的大工业生产的出现,农民被迫失去土地,沦为一无所有的产业工人,靠出卖自己的劳动力为生,这样就出现了资本主义社会……可见,社会制度的每一次巨大变化,都是人类生产方式的巨大变化所决定的。

二、社会存在与社会意识的关系

社会意识是和社会存在相对应的哲学范畴。社会意识指社会生活的精神方面,是社会存在在人们头脑中的反映。由于社会存在是多方面的、复杂的,人们又总是从不同方面、以不同的方式去反映社会存在,因此,社会意识也必然有多样的形式,既包括人们在日常生活中自发形成的社会风俗、情绪、感受、意向、习惯等社会心理,也包括人们加以理论化、系统化的政治思想、法律思想、道德、哲学、艺术、宗教等意识形态体系。社会意识和社会存在的关系为:社会存在决定社会意识,社会意识反作用于社会存在。

1. 社会存在决定社会意识

社会存在决定社会意识是历史唯物主义的最基本的原理。尽管人类社会不能离开有意识的人而存在和发展,但社会存在并不依赖于人们的社会意识;相反,社会意识却依赖于社会存在。坚持社会存在决定社会意识的原理,是唯物史观(历史唯物主义)区别于唯心史观(历史唯心主义)的一个根本点。

 **资料卡片**

社会存在与社会意识的关系问题是社会历史观的基本问题。历史唯物主义和历史唯心主义是两种根本对立的社会历史观。历史唯心主义的基本观点是社会意识决定社会存在。

历史唯心主义有两种基本形态:主观唯心主义历史观和客观唯心主义历史观。主观唯心主义历史观把人们的思想动机主要是帝王将相和少数英雄人物的意志看作是历史发展的根本动力,用主观精神解释社会的发展。客观唯心主义历史观则从社会外部寻找某种神秘的精神力量,把诸如上帝、神、"绝对观念"等所谓客观精神看作是历史发展的最终决定力量。形形色色的唯心史观的共同点是:夸大社会意识在社会发展中的能动作用,否认社会存在与发展的物质基础和社会发展的客观规律;夸大个别人物的作用,否认人民群众是历史发展的决定力量,从而歪曲了社会及其发展的本来面目。

第一,社会意识是社会存在的反映,社会存在是社会意识的客观内容和客观来源。人的思想意识都是在一定的历史时期产生的,是当时历史条件的产物。人之所以产生这样的思想,而不能产生那样的思想,是由当时的历史条件决定的。探寻人们思想认识产生的原因,关键在于是否能看到思想动机背后的物质根源。因此,任何社会意识,不论是正确的还是错误的,甚至是虚幻的,归根到底都可以从社会存在中找到它的根源。人们在社会存在中的地位的不同,决定了人们社会意识的内容的不同。在阶级社会里,社会意识是有阶级性的,是一定阶级的利益和意志的直接或间接的反映。不同阶级的意识在社会生活中占据不同的地位,而统治阶级的思想总是该社会占统治地位的思想。

哲理故事

"时间就是金钱,效率就是生命"是"特区精神"的象征。1979年1月31日,党中央和国务院决定在毗邻香港的深圳南头半岛上,由交通部香港招商局负责集资,独立开发经营蛇口工业区。由此,拉开了中国利用外资建设工业区和兴办经济特区的帷幕。同年8月,蛇口工业区顺港式码头破土动工,这是第一批基础建设中的重头戏。动工之初,由于采取了内地惯用的平均主义奖励办法,工人干劲不高。为加

快工程进度,建设者们开始实行定额超产奖励制度,这样一来,工人生产情绪高涨,结果,码头比计划提前一个月竣工并交付使用。此后,蛇口工业区在其他建设项目上都实行了不同形式的奖励办法,同样取得了良好效果。为此,工业区管委会经过反复讨论,于1982年提出了"时间就是金钱,效率就是生命"的口号。

在这样的口号激励下,深圳的建设日新月异,人们最大限度地发挥个人的聪明才智和创造性,创造出了举世瞩目的"深圳速度"。其中,典型的就是以三天一层楼的速度建成的深圳国贸大厦的建设工程。这在当时是绝无仅有的,创造了建筑史上的新纪录。到1984年,仅用了4年的时间,深圳的国民经济指标就超过了前30年的总和。从此,人们用"深圳速度"来形容发展速度特别快,效率非常高。

在国庆35周年庆典上,当深圳的彩车从天安门广场通过时,亿万人民从电视屏幕上看到了"时间就是金钱,效率就是生命"那幅醒目的标语。从此,标语中所包含的新观念、新办法、新作风,在全国得到广泛的认同,成为全国人民"务实创新搞改革,争分夺秒干四化"的强大精神动力。

由此我们可以看出,社会意识的内容来源于社会存在,社会存在决定着社会意识的产生和内容。如果没有深圳特区蓬勃发展的事实,就不可能提出这样的口号。同样,如果没有全国各地改革开放的伟大实践,这样的口号也不可能被全国人民接受,成为一种崭新的时代精神。

第二,社会存在的变化发展引起社会意识的变化发展。新的社会意识只有在必要的物质条件已经存在或至少是在形成过程中才能出现;而旧的社会意识只有在失去其存在的客观根据时,才能或迟或早地被克服。总之,社会意识的产生、存在和变化发展,都是由社会存在决定的。

 阅读思考

人们的审美观念也随着社会生活条件的发展变化而发展变化。唐朝初年,由于崇尚武功,封建统治者把长得健壮丰满当作美女的标志;而到了五代十国的后唐,由于封建阶级日趋没落,整天沉湎于酒色歌舞,因而逐渐把缠裹小足、轻盈瘦削、弱不禁风的女子当作美人。

社会经济、科技、文化和艺术越发达,服装的发展也就越兴盛。服装成为一个历史时期的印记和镜子,记录了岁月的沧桑和演变。中国女性穿裤子是件平常事,自清代以后裤子就是中国妇女的日常服装。但在欧美国家,妇人穿裤子却是件大事,大到要通过立法才能解决的程度。1932年,著名美国影星马莲·底特瑞琪因穿长裤在巴黎街头行走,竟被抓到警察局要以"有伤风化罪"拘留。后因女权分子去警察局外示威游行,迫于压力,警察局才不得已释放了她。第二次世界大战时期,这个一直令卫道士伪君子头痛的问题终于迎刃而解。成千上万的妇女走上以前只属于男人专有的工作岗位,战争的严酷,工作的方便,令这些妇女自然而然地穿起了裤子。这时裤子才成为日常女装,历史性地在时装王国占一席之地。从20世纪40年代末到60年代,裤子开始成为日常装。人们的审美终于向健康和文明迈了一大步。

请你再列举几个由于时代变迁所引起的人们思想观念变化的事例,从中体会社会存在的变化发展引起社会意识的变化发展的道理。

2. 社会意识对社会存在的反作用

我们在坚持社会存在决定社会意识的同时,也应该看到社会意识对社会存在的反作用。这种反作用主要是指社会意识这种精神力量,在一定条件下可以作用于社会存在,转化为物质力量,影响社会发展的进程。

社会意识对社会存在的反作用,就其性质来说有两种:有时起促进作用,有时起阻碍作用。是促进作用还是阻碍作用,一般取决于以下两个因素:第一,是它赖以产生的并为之服务的经济基础的性质。如果这个经济基础是先进的、适合于生产力发展状况的,它就会对社会发展起促进作用。如果它所服务的经济基础是落后的、不适合于生产力发展状况的,它就会对社会发展起阻碍作用。第二,看社会意识反映的是哪个阶级和哪种社会团体的要求和利益。反映先进阶级和进步团体的利益和要求的社会意识,就对社会发展起促进作用;反之,则起阻碍作用。总之,社会意识对社会存在反作用的性质,完全取决于它是否符合社会发展的规律,能否满足社会进步的需要。

哲理故事

伟大的事业需要崇高的精神。在改革开放的历史进程中,张家港人培育塑造了"团结拼搏、负重奋进、自加压力、敢于争先"的张家港精神,实现了张家港的大变化、大发展。随着时代的发展,张家港人又以全球的视野和开放的胸怀,赋予张家港精神"争先、创新、务实、富民"的新内涵,使之保持着旺盛的生命力,实现了"内增凝聚力,扩大吸引力,提高向心力,发展生产力"。

如今,在习近平新时代中国特色社会主义思想指引下,张家港人赋予"张家港精神"更多的内涵和使命,着力打造实力港城、活力港城、美丽港城、人文港城"四个港城",努力建成"两个标杆"的示范区。

张家港精神的本质是新时期的艰苦创业精神,核心是共产党人的开拓创新精神,特征是张家港人民的争先创优精神。十多年来,通过深入持久的教育和熏陶,张家港精神已经成为全市人民的自觉行动和共同追求,成为实现率先发展的强大动力,同时成为全苏州发展的"三大法宝"之一。正是在张家港精神的激励下,全市先后荣获了85项国家级、102项省级荣誉称号,五个文明建设结出了丰硕的成果,被誉为"伟大理论的成功实践"的典范。

可见,正确的社会意识对社会发展具有十分巨大的推动作用。

即使是先进的社会意识对社会存在的反作用,也有大小的差别。作用的大小取决于三个因素:一是社会意识反映社会存在的正确程度,正确程度越高,促进作用也就越大;二是社会意识能够满足社会需要的程度;三是人民群众掌握这种社会意识的普遍程度,社会意识越普遍地被广大群众掌握,它对社会存在的促进作用就越大。

社会意识对社会存在的反作用是客观存在的,我们不能低估它,更不能忽视它;否则,在改造客观世界的实践活动中就会犯形而上学和机械论的错误。当然,也不能无限夸大社会意识的这种反作用;否则,就会犯唯意志论和主观唯心主义的错误。

3. 社会意识的相对独立性

社会存在决定社会意识,但是社会意识不是对社会存在的消极反映,社会意识具有相对独立性。社会意识的相对独立性是指它在反映社会存在的同时,还具有遵循其自身独特的发展规律而存在和发展的性质。社会意识的相对独立性,主要表现在以下几个方面:

第一,社会意识与社会存在发展变化的不同步性。一般来说,社会的生产发展制约着社会意识的发展,社会生产发展到什么程度,社会意识也会发展到什么程度。但是,这两者实际上会出现不平衡的现象。社会意识有时落后于社会存在并阻碍其发展,有时又会预见到社会存在的未来发展趋势,推动社会的发展。这两种情况,在历史上都是大量存在的。

阅读思考

我国历史上曾长期是封建主义的农业大国,小农思想根深蒂固,这对当今我国社会主义现代化建设带来不利影响。小农思想又称小农意识,是指为满足个人温饱,在一小块地上自耕自作,无约束、无协作、无交换而长期形成的一种思想观念和行为习惯。其具体表现概括如下:

第一,小富即安。有小农意识的人,其追求相对较低,只要达到了旱涝保收,吃饱喝足略有结余的目标,就会产生富有的感觉。其结果一是没有了从前那种吃苦耐劳的精神,也没有了不干活就要饿肚子的危机感;二是有了结余就开始琢磨着享受,不懂得把结余投入再生产,让结余有更多的结余;三是飘然自得,不可一世。

第二,缺乏自律。由于小农生产方式是典型的个体行为,没有严密的社会化生产组织过程,所以没有规章,也不懂得什么是制度。因此,有小农意识的人一般很随心所欲,公私不分、上下不分、内外不分、轻重不分,遵守规范、按制度办事的意识比较薄弱。

第三,重宗派亲族。以家庭为单位的生产方式,强化了以血缘为纽带的宗亲关系。有小农意识的人只相信同姓同血缘的本家人,常出现家长制、家族制的管理方式,拉帮结派、任人唯亲等现象比较突出。

请分析在青年学生群体中是否有小农意识的表现。

第二,社会意识的发展具有历史继承性。任何一个时代的社会意识都是它那个时代的社会存在的产物,但同时社会意识形态及其形式都同它以前的成果有着继承关系。一定历史阶段的社会意识,其内容和形式都有两个来源:内容上主要是反映现实的社会存在的发展水平,同时也保留着历史上形成的反映过去社会存在状况的某些意识和材料,它们有机地结合在一起,以今为主,但也"古为今用";形式上继承了以往既有的方式、方法和手段,同时,又根据新的内容和条件对其加以改造、补充和发展,并增添一些新的具体形式,所谓"推陈出新"。

正是由于这种历史继承性,人类社会的意识及其发展才能持续而不终止,因而也才形成了各具特点的民族传统。当然,我们也绝不可能脱离社会存在决定社会意识的原理去片面夸大社会意识的历史继承性。历史上任何一个伟大的思想家总是根据当时的社会历史条件和社会需要对社会意识进行改造的。社会意识的这种历史继承性,要求人们对历史文化遗产既不能采取历史虚无主义,也不能采取完全照搬的态度,而应做到批判地吸收,即我们通常所说的取其精华,去其糟粕。

第三,社会意识诸形式之间的相互作用。社会意识的诸形式之间的相互作用、相互影响也是社会意识相对独立性的表现之一。任何一种社会意识形式的产生和发展,不仅受社会存在的决定和影响,而且还要受其他各种社会意识形式的作用和影响。社会意识诸形式之间的相互作用和相互影响是社会意识相对独立性的一种表现。如果忽视社会意识之间的相互影响,就不能全面地了解社会意识的特点和它的发展规律。当然,各种意识形式归根到底受社会存在及其发展的制约。因此,我们决不能脱离社会存在对社会意识的决定作用谈社会意识诸形式之间的相互作用。

总之,我们应辩证地看待社会存在和社会意识的关系,在肯定和坚持社会存在决定社会意识的前提下,承认社会意识对社会存在具有相对的独立性和反作用。

第二节 社会发展的基本规律

如同自然界一样,人类社会的发展也是有规律的。社会规律也具有客观性、普遍性、重复性,既不能创造,也不能消灭。但是自然规律发生作用是盲目的,而人类社会则是由社会活动的主体——人组成的,社会规律要通过人的活动才能发生作用。对于社会规律,人们要尊重它,同时也要发挥主观能动作用,按规律办事。

一、社会发展的根本动力

矛盾是事物发展的动力和源泉,是新事物产生和旧事物灭亡的内在根据。在社会发展的各种矛盾之中,有两对基本矛盾,即生产力和生产关系的矛盾、经济基础和上层建筑的矛盾。它们之间的矛盾运动推动了社会的发展。

1. 生产力与生产关系的矛盾运动及其规律

生产力是指人类在生产过程中改造自然界,并获得适合自己需要的物质资料的能力,包括三个要素:劳动者、劳动资料、劳动对象。劳动者在生产力中是起主导作用的因素;劳动资料中的生产工具是生产力发展水平和性质的主要标志,是划分经济发展时期的主要标志。

生产关系指人们在物质资料生产过程中结成的人与人之间的相互关系,它的具体内容包括物质资料的所有制关系、产品分配关系、人们在生产过程中的地位和相互关系。其中,生产资料所有制关系是生产关系的基础。一定的生产资料所有制形式,决定产品的分配以及人们在生产中的地位和相互关系。

哲理故事

战国时期,著名政治家商鞅在秦国推行了一系列变革措施,史称"商鞅变法"。战国初期,秦国由于贵族垄断政权,因循守旧,所以在经济、政治和军事上都比较落后,国力很弱,国土常常受到别国的侵占。同时,秦国国君的权力也比较小。公元前361年,秦孝公即位,决心变法图强,改变秦国的落后面貌,于是就下了一道求贤诏令。诏令一出,各国的贤才纷纷来到秦国,渴望得到重用。商鞅也从魏国来到秦国。商鞅到秦国后,宣传"强国之术",决心协助秦孝公进行改革,因此得到秦孝公的信任,被任命为左庶长。在商鞅主持下,秦国两次公布了新法。

新法的主要内容有:(1) 废除奴隶主贵族的世卿世禄制度,取消宗室的特权,按军功的大小重新规定官爵的等级和待遇。下级士兵在战争中勇敢杀敌的,也可以得到官爵,临阵脱逃和投降敌人的人要受到严厉的处罚。凡是进行私斗的,按照情节轻重判处刑罚。(2) 废除奴隶制的井田制度,在法律上承认土地私有,允许买卖。鼓励男耕女织,凡是努力劳动、生产粮食和织布多的免除徭役与赋税。(3) 实行重农抑商政策,把弃农经商或因懒惰而贫穷的人,连同其家属一起罚做官奴婢。(4) 加强中央集权,普遍推行郡县制。在全国设三十一个县,官吏由中央直接任免;同时进行户口编制,实行连坐法,规定五家为一伍,十家为一什,什伍中要互相纠察告发"奸人",有坏人而不告发的,什伍连坐。(5) 由中央制定和颁发统一的度量衡。如以"商鞅方升"作为当时的标准量器,促进税收和经济交往。

商鞅变法使秦国的面貌焕然一新。在土地所有制方面,基本上废除了以井田制为基础的奴隶制贵族所有制,确立了以私有制为基础的地主土地所有制。在政治方面,基本上废除了贵族分封制,确立了郡县制。这样,秦国从一个落后的国家一跃而成为"兵革大强,诸侯畏惧"的强国,出现了"家给人足,民勇于公战,怯于私斗,乡邑大治"的局面,秦国的国力得以进一步发展,为后来秦消灭六国、统一中国奠定了基础。

商鞅变法是通过改变生产关系的状况来促进生产力的发展的,可见,生产力和生产关系的矛盾运动是推动社会发展的根本动力。

生产力和生产关系不是彼此孤立存在的,而是互相依存、不可分离的。生产力决定生产关系,生产关系反作用于生产力,这就是生产力和生产关系的辩证关系。

第一,生产力决定生产关系。首先,生产力发展状况决定生产关系的性质和形式。生产关系最终取决于生产力发展的状况,有什么样的生产力,最终就有什么样的生产关系。不同的生产关系,是由生产力发展的不同状况决定的。其次,生产力的发展决定了生产关系的变化和发展。生产力是活跃的因素,它总是处于不断变化的过程之中。生产关系则在一定历史时期内保持相对稳定的状态。当生产力发展到更高水平时,与原有的生产关系就会发生矛盾,当矛盾尖锐到生产关系再也无法容纳生产力的时候,生产力就要求冲破旧的生产关系的束缚,生产关系的变革就到来了。

资料卡片

我国封建社会后期,随着商品生产的发展,农村的封建生产关系发生了某些变化。到明朝中期,江南一些地主除使用佃户、僮仆之外,还大量使用雇工。由于土地和大部分生产资料控制在地主手中,地主不仅有生产上的指挥权,还可以任意役使佃户。江浙、江西、安徽,特别是福建,还出现了"永佃制",一些佃户向地主交纳"粪土银若干,名曰'佃头银'",从而获得长期佃种的权利,使土地所有权与使用权分离。在江南地区,商品经济比较发达,手工业中出现了雇佣劳动的现象。

在明小说家冯梦龙《醒世恒言》一书中,叙述明嘉靖年间,苏州盛泽镇施复夫妇,原有一张绸机,每年自己养些蚕,缫下的丝细圆匀紧,织出的绸光彩润泽,人们增价竞购,不到十年就拥有三四十张绸机的故事。据《苏州府志》记载,明代苏州市出现了大量自由劳动者,他们"什佰为群","立桥以待唤","缎工立花桥,纱工立广花寺桥,车匠立溪桥",待人雇佣。根据《明神宗实录》的记载推算,仅苏州城内,雇工数目不下万人。各市镇乡社之雇工尚不计在内,可见当时的苏州丝织业中,存在着资本主义性质的手工业作坊。可见,生产力的发展推动着生产关系的变革。

第二,生产关系也不是消极、被动的,它还具有能动的反作用。这种反作用具体表现为:当生产关系适合生产力的状况时,它对生产力的发展就会起促进作用。适合生产力的生产关系能把当时各种潜在的生产力变为现实的生产力,最重要的是,这种适合生产力的生产关系解放了劳动者,使得劳动者的创造性得到发挥,从而推动了生产力的发展。而当生产关系不适合生产力的状况时,就会阻碍甚至破坏生产力的发展。这时,劳动者的积极性和创造性受到压抑,生产工具和劳动对象得不到合理利用,结果束缚了生产力的发展。

 阅读思考

20世纪70年代末80年代初,中国改革开放的历程首先从农村开始。随着中共中央《关于进一步加强和完善农业生产责任制的几个问题》通知的贯彻,实行包产到户和包干到户的生产队,迅速由1980年占全国生产队的50%上升到1982年6月占全国生产队86.7%的规模。以家庭承包为基础、统分结合的合作经济新体制代替旧的三级所有、队为基础的人民公社体制的趋势,已经势不可挡。农业体制改革冲破重重阻力,迅猛地向前发展。

以包产、包干到户为主要形式的联产承包责任制,在更深的层次和更广泛的规模上调动了农民的生产积极性,大大改变了农村的落后面貌,这一成效首先在落后地区表现出来。如历史上就以穷困逃荒要饭多而闻名全国的安徽省凤阳县,1979年,该县实行大包干到组的生产责任制,粮食生产有了明显的增长。1980年实行大包干到户的生产责任制,粮食生产猛增至2.51亿公斤。在包干到户责任制的推动下,1981年粮食产量又增至3.35亿公斤,1982粮食产量达到3.575亿公斤。三年三大步的结果,出现了农民自己拉着粮食往外省去卖的情景。凤阳农民在温饱有余之后,就在当地政府的领导下进行了水利、电力、公路、绿化带、住宅、文教、科技、小城镇等八大建设。"粮满仓,鱼满塘,处处盖新房;生活城市化,饮食多样化,青年有文化",成为凤阳新生活的生动写照。

联产承包制在发展农业生产、繁荣农村经济中的显著作用,不仅在落后地区体现出来,在全国其他地区也显现出来。在它的推动下,1981年全国农业总产值比1980年增长5.7%,1982年又比1981年增长了11.2%。总之,农村联产承包责任制改革对中国农村生产力和社会发展产生了巨大的推动作用。

农村联产承包责任制改革为何会促进农村生产力的提高?请用生产力与生产关系的关系原理加以说明。

任何生产关系刚刚建立起来的时候总是同生产力的发展要求基本适合,从而促进生产力的发展的。但生产力是最积极、最活跃的因素,生产关系则处于相对稳定的状态,这样,生产力发展到一定阶段必然导致生产关系与生产力由基本适合逐渐变成基本不适合。当生产关系完全不适合生产力的发展状况的时候,就要求对旧的生产关系进行变革,建立与生产力基本适合的生产关系。生产关系与生产力之间,总是从基本适合到基本不适合,再从基本不适合到基本适合,循环往复,由此推动了人类社会的发展。

在生产力与生产关系的矛盾运动中,生产力是决定的因素。生产关系的性质及其变化发展,归根到底取决于生产力的状况。生产关系反作用于生产力,但这种反作用的性质和程度归根结底取决于生产力发展的要求。生产力和生产关系的矛盾运动,集中体现为生产关系一定要适合生产力状况的规律,这是人类社会发展的普遍规律,在历史发展的每个时代、每个阶段都毫无例外地起着作用。

2. 经济基础与上层建筑的矛盾运动及其规律

经济基础是由一定社会发展阶段的生产力所决定的占统治地位的生产关系的总和。一定社会的经济基础,不是一定社会现存的一切生产关系的总和,而是指该社会占统治地位的生产关系诸方面的总和,它不包括旧的生产关系的残余或新的生产关系的萌芽。因为占有统治地位的生产关系,才能直接规定一定社会上层建筑的性质和整个社会的性质,才能明确区分不同的社会形态。另一方面,上层建筑是建立在一定的经济基础之上的各种制度、设施和意识形态的总和。上层建筑是一个复杂庞大的系统,它包括政治上层建筑和思想上层建筑。经济基础和上层建筑之间也互相作用,构成了另一对社会基本矛盾。

一方面,经济基础决定上层建筑。首先,经济基础决定上层建筑的产生、发展和变化。上层建筑是经济基础的反映,它的产生、发展和变革,都不能从它本身来解释,而只能由它的经济基础来说明。其次,经济基础的性质和内容决定上层建筑的性质和内容。另一方面,上层建筑是由经济基础派生的,所以经济基础的性质和内容,就决定自己的上层建筑的性质和内容。

资料卡片

封建土地私有制是地主阶级统治的经济基础。秦统一六国后,于公元前216年即令土地私有者向政府呈报占有土地的数额,政府根据数额征收田租。这意味着私有土地受到封建政权的保护,意味着封建土地所有制在全国正式得到确认,这在当时是有积极作用的。发展到东汉时期,豪强地主都占有大量土地,通常又采取田庄式的生产经营方式。在当时的田庄中,有农、林、牧、渔各业,还从事某些手工业的生产,或进行一定的商业和高利贷活动,具有极强的自给自足性质。至此,封建制度的生产方式基本建立,政治、经济、文化得到了巨大的发展,古代中华文明首次达到了繁荣昌盛的高峰,并深刻地影响着后世。

另一方面,上层建筑具有相对独立性和能动的反作用。这一反作用集中体现在它为自己的经济基础的服务上。这种服务作用,主要体现在以下三个方面:

首先体现在服务的方向上。上层建筑为经济基础服务,从方向上讲,包括相互联系的两个方面:一方面它积极地运用政治力量、法律手段和思想影响,帮助自己的经济基础的形成、巩固和发展;另一方面它又采取一切办法对那些有害于自己的经济基础的社会势力和思想展开斗争,扫除旧上层建筑的残余,改造旧的经济基础,从而为自己的经济基础形成、巩固和发展开辟道路。

 阅读思考

马克思主义是工人阶级的科学世界观,是指导我们思想的理论基础。无论是新民主主义革命的胜利,还是社会主义制度的建立,都是在马克思主义指导下取得的。中华人民共和国成立后,从1951年到1955年,在知识分子中掀起了一个学习马克思主义基础理论知识和毛泽东思想的热潮。毛泽东思想在全国范围内广泛传播,对中国人民的思想变化和共和国各项事业的发展产生了深远影响。1954年,在中华人民共和国第一届全国人民代表大会开幕词中,毛泽东指出,指导我们思想的理论基础是马克思列宁主义,进一步确立了马克思主义在全国的指导地位。在马克思主义、毛泽东思想的指导下,集体主义、爱国主义、社会主义已成为思想意识中的主流。

请思考:为什么中华人民共和国成立初期要确立马克思主义在全国的指导地位?

其次体现在服务的方式上。上层建筑为经济基础服务,是通过对社会生活的控制这种方式来实现的。

再次体现在服务的效果上。上层建筑为经济基础服务,从效果来看有两种情形:一种是促进作用,一种是阻碍作用。这要看上层建筑所服务的经济基础的性质。经济基础是先进的,则上层建筑的服务对社会发展起促进作用;反之,经济基础是落后的,则上层建筑的这种服务对社会发展起阻碍作用。

经济基础和上层建筑之间的相互作用,构成了社会基本矛盾的另一方面。经济基础和上层建筑之间的矛盾运动表现在:

第一,当一种新的上层建筑刚刚建立起来时,它是富有生命力的,同自己的经济基础基本上相适应,但也有不完善的环节和方面。

第二,经济基础是变化的,当它处在相对稳定的阶段,在量变和部分质变的时候,也要求上层建筑发生相应的变化和进行局部的调整。

第三,当某种社会形态已经走向腐朽,生产关系严重地阻碍生产力的发展时,上层建筑就会同生产力发展所引起的经济基础的变革的客观要求形成尖锐的对抗。要解决这一矛盾,就必须对上层建筑和旧的经济基础加以根本的变革,建立适应新的经济基础发展要求的上层建筑。

人类社会正是在这样的矛盾运动中,不断地从原始社会走向奴隶社会、封建社会、资本主义社会和共产主义社会。

二、科学技术是第一生产力

"科技"是人们常用的词汇,它包含了两个方面:科学与技术。一般来说,科学是关于自然、社会和思维规律的知识体系。它通过概念、原理、定律等形式,解释自然、社会和思维领域中的各种现象。技术则是人们利用、改造世界的一切手段和方法。科学和技术是分不开的一对"双胞胎"兄弟,它们相互依赖、相互贯通。科学为技术的发展提供了理论基础,技术则为科学的发展提供了更方便的条件。科学技术是生产力,这是马克思主义历来的观点。现代科学技术的发展,使科学与生产力的关系越来越密切了。科学技术作为生产力,越来越显示出巨大的作用。邓小平总结了第二次世界大战以来,特别是当代世界经济发展的新趋势和新经验,继承了马克思的观点,提出了"科学技术是第一生产力"的著名论断。

1. 科学技术是第一生产力的含义

第一,科学渗透于现代生产力的各类要素之中。生产力的基本因素是生产资料和劳动力。历史上的生产资料,都是同一定的科学技术相结合的;同样,历史上的劳动力,也都是掌握了一定的科学技术知识和技能的劳动力。科学技术通过扩大劳动对象的范围,提高生产工具的技术水平;通过对劳动者能力和素质的提高,极大地推动了社会生产力的发展。

资料卡片

1870年以后,科学技术的发展突飞猛进,各种新技术、新发明层出不穷,并被迅速应用于工业生产,大大促进了经济的发展。这就是第一次产业革命。当时,科学技术的突出发展主要表现在三个方面,即电力的广泛应用、内燃机和新交通工具的创制、新通信手段的发明。

从19世纪中叶到20世纪中叶,电磁学的发展引发了第二次产业革命。在第二次产业革命时期,人类开发和完善了钢铁、化工和电力生产三大技术,建立和发展了汽车、飞机和无线电技术三大产业,生产力的发展实现了又一次飞跃,科学技术和生产的关系日益紧密,在传统的"生产—技术—科学"发展模式仍在发挥主导作用的同时,出现了"科学—技术—生产"模式的发展趋势。

第三次产业革命的主要内容以原子能技术、航天技术、电子计算机的应用为代表,包括人工合成材料、分子生物学、遗传工程等高新技术。与前两次工业革命相比,第三次产业革命有三大特点:一是科学技术在推动生产力发展方面起的作用越来越大,转化为直接生产力的速度加快。二是科学与技术密切结合,相互促进。三是科学技术各领域之间相互渗透,出现两种趋势:学科越分越多,分工越来越细,研究越来越深入;学科间的联系越来越密切,科学研究向综合性方向发展。统计表明,在20世纪60年代以前,影响生产力发展的因素中,原材料、能源、劳动力的投入以及资金的投入(转化为设备)占60%以上。到了70年代和80年代,它们的比重下降到了40%以下,而科学技术的作用、知识的作用占到了60%以上。这表明,科学技术已经成了生产力发展的决定性力量。

第二,科学技术是推动生产力发展的首要力量。20世纪以来,特别是第二次世界大战以后,以电子信息、生物技术和新材料为支柱的一系列高新技术取得重大突破和飞速发展,使社会物质生产的各个领域面貌一新。尤其是知识经济时代的到来,使得社会生产力巨大发展,最主要的是靠科学技术的力量。

 **阅读思考**

20世纪科学技术的发展，远远超过了过去几千年的总和。这次科技革命的冲击和挑战，来势迅猛，突飞猛进，正在以空前的速度继续向前发展，其影响和作用是无穷无尽的，社会生活的各个方面无不打上了科学技术的时代印记。科技进步是经济社会发展的决定性因素。要充分估量未来科学技术特别是高技术发展对综合国力、社会经济结构和人民生活的巨大影响，把加速科技进步放在经济社会发展的关键地位，使经济建设真正转到依靠科技进步和提高劳动者素质的轨道上来。

在科学技术上落后，就会被动挨打。邓小平指出："过去也好，今天也好，将来也好，中国必须发展自己的高科技，在世界高科技领域占有一席之地。如果60年代以来中国没有原子弹、氢弹，没有发射卫星，中国就不能叫有重要影响的大国，就没有现在这样的国际地位。这些东西反映一个民族的能力，也是一个民族、一个国家兴旺发达的标志。"

你如何理解"现代国际间的竞争，说到底是综合国力的竞争，关键是科学技术的竞争"这句话？

第三，科学技术是生产力发展的主导因素。科学技术是潜在的生产力。科学技术向生产力中的劳动者、劳动资料、劳动对象渗透并与之结合，使潜在生产力转化为现实生产力。由此，科学技术决定着生产力的性质和水平，决定着生产力的发展速度和方向。现代生产各个要素都要提高科技含量。

 **资料卡片**

1978年3月18日，在全国科学大会上，邓小平所做的开幕词指出，四个现代化的关键是科学技术现代化，要大力发展我国的科技教育事业。他着重阐述了科学技术是生产力这一马克思主义的观点。1985年3月7日，他在全国科技工作会议上，又进一步肯定了"科学技术是生产力"的论述。1988年9月，他说："马克思说过，科学技术是生产力，事实证明这话讲得对。依我看，科学技术是第一生产力。"1992年春，他在视察南方时的谈话中又说："经济发展得快一点，必须依靠科技和教育。我说科学技术是第一生产力。""科学技术是第一生产力"是邓小平从历史唯物主义认识论的高度出发，从当代世界科技发展的状况出发得出的科学结论。从"科学技术是生产力"到"科学技术是第一生产力"，这是理论上的一个重大飞跃，是对马克思主义生产力理论的深化、丰富和发展。这个论断揭示了科学技术对当代生产力发展和社会经济发展的第一位变革作用，更明确地指出了科学技术是促进生产力发展的首要的决定的因素，是推动经济发展的强大动力。

总之，科学技术不但是生产力，而且是第一生产力。科学技术的发展已深刻地影响到社会生活的各个方面。它不仅带来生产力的迅速发展，而且也极大地改变着人类的道德和价值观念。

2. 加快实施"科教兴国"战略

"科教兴国"战略是邓小平同志1977年在科学和教育工作座谈会上提出的。"科教兴国"是指全面落实科学技术是第一生产力的思想,坚持教育为本,把科技和教育摆在经济、社会发展的重要位置,增强国家的科技实力及向现实生产力转化的能力,提高全民族的科技文化素质,把经济建设转移到依靠科技进步和提高劳动者素质的轨道上来,加速实现国家的繁荣强盛。

资料卡片

1995年5月6日颁布的《中共中央、国务院关于加速科学技术进步的决定》,首次明确地提出在全国实施"科教兴国"的战略。同年,中国共产党十四届五中全会在关于国民经济和社会发展"九五"计划和2010年远景目标的建议中,把实施"科教兴国"战略列为今后15年直至21世纪加速我国社会主义现代化建设的重要方针之一。1996年,八届全国人大四次会议正式提出了国民经济和社会发展"九五"计划和2010年远景目标,"科教兴国"成为我们的基本国策。

实施"科教兴国"战略主要应该做到:

第一,落实科学技术是第一生产力的思想。要使科学技术在我国成为现实的第一生产力,关键在于落实,即在思想上、体制上、机制上、政策上、投入上大力解放和发展科技第一生产力,全面推动我国的经济发展和社会进步。

第二,优先发展科技和教育事业。坚持教育为本,把科技和教育摆在优先发展的战略地位,这是实施"科教兴国"的前提和基础。科技与教育关系密切,教育是科技发展的基础和源泉,没有教育,科学技术就会成为无源之水、无本之木,因此,"抓科技的同时,必须抓教育"。

资料卡片

专栏1　教育事业发展主目标

指　标		年　份		
		2009	2015	2020
学前教育	幼儿在园人数(万人)	2 658	3 400	4 000
	学前一年毛入园率(%)	74.0	85.0	95.0
	学前两年毛入园率(%)	65.0	70.0	80.0
	学前三年毛入园率(%)	50.9	60.0	70.0
九年义务教育	在校生(万人)	15 772	16 100	16 500
	巩固率(%)	90.8	93.0	95.0

续表

指标		年份		
		2009	2015	2020
高中阶段教育*	在校生(万人)	4 624	4 500	4 700
	毛入学率(%)	79.2	87.0	90.0
职业教育	中等职业教育在校生(万人)	2 179	2 250	2 350
	高等职业教育在校生(万人)	1 280	1 390	1 480
高等教育**	在学总规模(万人)	2 979	3 350	3 550
	在校生(万人)	2 826	3 080	3 300
	其中:研究生(万人)	140	170	200
	毛入学率(%)	24.2	36.0	40.0
继续教育	从业人员继续教育(万人次)	16 600	29 000	35 000

资料来源：*含中等职业教育学生数；**含高等职业教育学生数。

专栏2　人力资源开发主要目标

指标	年份		
	2009	2015	2020
具有高等教育文化程度的人数(万人)	9 830	14 500	19 500
主要劳动年龄人口平均受教育年限(年)	9.5	10.5	11.2
其中:受过高等教育的比例(%)	9.9	15.0	20.0
新增劳动力平均受教育年限(年)	12.4	13.3	13.5
其中:受过高中阶段及以上教育的比例(%)	67.0	87.0	90.0

资料来源：《国家中长期教育改革和发展规划纲要》。

第三，增强国家的科技实力及向现实生产力转化的能力。一是从国家长远发展出发，制定中长期科学发展规划，统观全局，突出重点，有所为、有所不为，加强基础性研究和高技术研究，加快实现高技术产业化。二是强化应用技术的开发推广，促进科技成果向现实生产力的转化，集中力量解决经济、社会发展的重大和关键技术问题。

资料卡片

习近平总书记指出，科技兴则民族兴，科技强则国家强。党的十八大以来，我国以提升原始创新能力为目标，加快推进国家重大科技基础设施体系建设，大力推动重点领域取得新突破，重大科技基础设施建设呈现出"技术更先进、体系更完整、支撑更有力、产出更丰硕、集群更明显"的发展新态势，为我国深入实施创新驱动发展战略和建设世界科技强国提供重要支撑。一是设施整体水平进入国际前列。目前，我国在建和投入运行的重大科技基础设施总量已接近 50 个,总体水平基本进入国际先进行列。二是设施综合效益日益显现。基础设施为载人航天、探月工程、新药创制、大型客机研制、核心电子器件研制、高分辨率对地观测等国家重大科技任务提供支撑,取得了四夸克粒子(由 4 个夸克组成的新粒子)物质发现、重大流行病跨种传播机制等一批原创科技成果。催生出了重离子治疗癌症、低温超导材料规模化制备等一批高新技术,在保障国计民生和国家安全中也发挥着不可替代的作用。

第四,提高全民族的科技文化素质。人是生产力的主体和科学技术的载体,生产力水平的高低、科技能否渗透到生产力之中,归根到底是由人来决定并通过人来实现的。同时,科教兴国是一项全社会、全民族参与的特大工程,不仅需要一大批科技工作者探索攻关,同时也需要广大干部和群众的积极参与,因此提高全民族的科技文化素质是科教兴国得以实现的主体条件。

第五,把经济建设转移到依靠科技进步的轨道上来。就是要转变经济发展方式,从主要依靠增加投入、铺新摊子、追求数量,转到依靠科技进步和提高劳动者素质上来,转到以科技创新驱动发展的轨道上来。

3. 努力建设创新型国家

全面落实科学技术是第一生产力的思想,实施科教兴国战略,大力促进科技发展,关键在于创新。科学技术的本质就是创新。而当今世界各国综合国力竞争的核心,就是比科技创新的质量和数量,比科学技术产业化的速度和效益。21 世纪,科技创新将成为经济和社会发展的主导力量,成为生产力发展的主要标志,决定着一个国家、一个民族的发展进程。2006 年 2 月 9 日,《国家中长期科学和技术发展规划纲要(2006—2020 年)》全文公布。增强自主创新能力,努力建设创新型国家,已成为全党全国各族人民的一项共同的历史任务。

 阅读思考

知识经济(Knowledge Economy),通俗地说就是"以知识为基础的经济"。从内涵来看,知识经济是经济增长直接依赖于知识和信息的生产、传播和使用,它以高技术产业为第一产业支柱,以智力资源为首要依托,是可持续发展的经济。按照世界经济合作及发展组织的说法,知识经济就是以现代科学技术为核心的,建立在知识和信息的生产、存储、使用和消费之上的经济。

为了迎接知识经济的到来,各个国家都非常重视信息在现代经济中的重要作用。1993 年 9 月,美国政府宣布实施一项新的高科技计划——"国家信息基础设施"(National Information Infrastructure,简称 NII),旨在依托因特网,兴建信息时代的高速公路——"信息高速公路",使所有的美国人方便地共享海量的信息资源。所谓"信息高速公路",就是一个高速度、大容量、多媒体的信息传输网络。其速度之快,比当时网络的传输速度高 1 万倍;其容量之大,一条信道就能传输大约 500 个电视频道或 50 万路电话。此外,信息来源、内容和形式也是多种多样的。网络用户可以在任何时间、任何地点以声音、数据、图像或影像等多媒体方式相互传递信息。

面对知识经济的到来,我们应该怎么做呢?

我国建设创新型国家的总体目标是:到2020年,使我国的自主创新能力显著增强,科技促进经济社会发展和保障国家安全的能力显著增强,基础科学和前沿技术研究综合实力显著增强,取得一批在世界上具有重大影响的科学技术成果,进入创新型国家行列,为全面建设小康社会提供强有力的支撑。

在全社会的共同努力下,我国的创新型国家建设不断取得进展。载人航天、探月工程、载人深潜、超级计算机、高速铁路等实现重大突破。全社会研发经费支出实现每年20%以上的增长,从2006年的3 000亿元增长到2011年的8 610亿元,占国内生产总值的比例从1.42%提升到1.83%。2011年中国研发人员总量世界第一、研发投入世界第三、SCI论文数量世界第二、发明专利申请量世界第二、高技术产业增加值世界第二、高技术产业出口额世界第一。我国基础研究和前沿科学探索水平也不断提升,目前,数学、物理、化学、材料、计算机和工程科学等学科整体水平已进入世界前5名,共建设了38个先进的重大科技基础设施和382个国家重点实验室。自2007年开始,大型飞机、高档数控机床与基础制造装备、新一代宽带无线移动通信网等16个科技重大专项陆续启动,加快研发制约重点产业发展的关键技术,大力支持企业提高自主创新能力。积极培育发展战略性新兴产业,重点培育和发展节能环保、新一代信息技术、生物、高端装备制造、新能源等七大战略性新兴产业。超级杂交水稻育种及栽培技术在国际上持续领先,具有自主知识产权的转基因抗虫棉打破国外垄断,攻克多项世界工程难题,建成了世界上海拔最高、线路最长的青藏高原铁路。自主创新的累累硕果,在农业生产、交通运输、生命健康、公共安全、防灾减灾等民生领域大显身手,显著地提升了百姓的生活质量。

三、追求社会的全面发展

社会发展问题,是当今国际社会普遍关注的重大问题。在西方国家,20世纪40年代的发展观是一种单一的经济增长观,认为发展就是经济增长,忽视社会对经济的影响。到了20世纪60年代,人们发现,单一的经济发展观的弊端很多,于是,开始注意经济与自然,特别是与社会的关系,开始重视改革社会关系,注重社会公正。1995年3月,在哥本哈根召开的世界社会发展首脑会议上,明确提出"以人为中心"的发展观,强调人在发展中的地位,认为发展应是整体的、综合的,除了人与环境协调发展外,还应包括人与人、人与组织的协调发展,其核心是人的发展。事实说明,实现社会全面发展已成为国际社会追求的理想目标。

1. 树立新发展理念

21世纪,中国的发展进程不可避免地遭遇到如下的六大基本挑战:人口三大高峰(即人口总量高峰、就业人口总量高峰、老龄人口总量高峰)相继来临的压力;能源和自然资源的超常规利用;整体生态环境加速恶化;实施城市化战略的巨大压力;缩小区域间发展差距并逐步解决"三农"问题;国家可持续发展的能力建设和国际竞争力的培育。产生以上问题的根本的原因还在于我们经济增长的方式还没有摆脱粗放型的发展模式,没有真正树立新发展理念,走可持续发展的道路。发展理念是发展行动的先导,是管全局、管根本、管长远的。

2003年10月召开的中国共产党十六届三中全会提出了科学发展观,并把它的基本内涵概括为"坚持以人为本,树立全面、协调、可持续的发展观,促进经济社会和人的全面发展",坚持"统筹城乡发展、统筹区域发展、统筹经济社会发展、统筹人与自然和谐发展、统筹国内发展和对外开放的要求"。"以人为本"是科学发展观的核心;发展是科学发展观的第一要义;全面协调可持续发展是科学发展观的基本要求;统筹兼顾是科学发展观的根本方法。党的十八大正式把科学发展观确立为党的指导思想,必须长期坚持和贯彻。

2015年10月召开的党的十八届五中全会提出了创新、协调、绿色、开放、共享的发展理念,是对科学发展观的新突破、新发展。创新发展注重的是解决发展动力问题。协调发展注重的是解决发展不平衡问题。绿色发展注重的是解决人与自然和谐问题。开放发展注重的是解决发展内外联动问题。共享发展注重的是解决社会公平正义问题。党的十九大将五大发展理念作为习近平新时代中国特色社会主义思想的重要组成部分写入党章,确立为我们党必须长期坚持的指导思想。

资料卡片

可持续发展的概念,最先是1972年在斯德哥尔摩举行的联合国人类环境研讨会上正式提出的。自此以后,各国致力界定"可持续发展"的含意,目前被最广泛采纳的定义,是在1987年由世界环境及发展委员会所发表的布特兰报告书所载的定义:既满足当代人的需求,又不对后代人满足其需求的能力构成危害的发展称为可持续发展。它们是一个密不可分的系统,既要达到发展经济的目的,又要保护好人类赖以生存的大气、淡水、海洋、土地和森林等自然资源和环境,使子孙后代能够永续发展和安居乐业。可持续发展与环境保护既有联系,又不等同。环境保护是可持续发展的重要方面。可持续发展的核心是发展,但要求在严格控制人口、提高人口素质和保护环境、资源永续利用的前提下推进经济和社会的发展。可持续长久的发展才是真正的发展。

2. 建设社会主义和谐社会

经过全党和全国各族人民的共同努力,21世纪初,我国已胜利实现了现代化建设"三步走"战略的第二步目标,人民生活总体上达到小康水平。到2020年,我们将实现全面建成小康社会的新阶段。

在科学发展观的指导下,中国共产党在全面建设小康社会的实践中提出了构建社会主义和谐社会的目标。和谐是指"配合得适当和匀称",社会是指"由一定的经济基础和上层建筑构成的整体,也叫社会形态"。所谓和谐社会,就是指构成社会的各个部分、各种要素处于一种相互协调的状态。因此,社会主义和谐社会,应当是各方面利益关系得到有效的协调,社会管理体制不断创新和健全、稳定有序的社会。具体地说,就是一种民主法治,公平正义,诚信友爱,充满活力,安定有序,人与自然和谐相处的社会。

资料卡片

民主法治,就是社会主义民主得到充分发扬,依法治国基本方略得到切实落实,各方面积极因素得到广泛调动。

公平正义,就是社会各方面的利益关系得到妥善协调,人民内部矛盾和其他社会矛盾得到正确处理,社会公平和正义得到切实维护与实现。

诚信友爱,就是全社会互帮互助、诚实守信,全体人民平等友爱、融洽相处。

充满活力,就是能够使一切有利于社会进步的创造愿望得到尊重,创造活动得到支持,创造才能得到发挥,创造成果得到肯定。

安定有序,就是社会组织机制健全,社会管理完善,社会秩序良好,人民群众安居乐业,社会保持安定团结。

人与自然和谐相处,就是生产发展,生活富裕,生态良好。

目前,我国社会总体上是和谐的。但是,也存在不少影响社会和谐的矛盾和问题,主要是:城乡、区域、经济社会发展很不平衡,人口资源环境压力加大;就业、社会保障、收入分配、教育、医疗、住房、安全生产、社会治安等方面关系群众切身利益的问题比较突出;体制机制尚不完善,民主法制还不健全;一些社会成员诚信缺失、道德失范,一些领导干部的素质、能力和作风与新形势新任务的要求还不适应;一些领域的腐败现象仍然比较严重;敌对势力的渗透破坏活动危及国家安全和社会稳定。

社会和谐是中国特色社会主义的本质属性,是国家富强、民族振兴、人民幸福的重要保证。构建社会主义和谐社会,是从中国特色社会主义事业总体布局和全面建设小康社会全局出发提出的重大战略任务,反映了建设富强民主文明和谐的社会主义现代化国家的内在要求,体现了全党全国各族人民的共同愿望。推进和谐社会建设要把保障和改善民生放在更加突出的位置,加强和创新社会管理,正确处理改革、发展和稳定的关系,团结一切可以团结的力量,最大限度地增加和谐因素,增强社会创造活力,确保人民安居乐业、社会安定有序、国家长治久安。

 资料卡片

2006年党的十六届六中全会提出,到2020年构建社会主义和谐社会的目标和主要任务是:社会主义民主法制更加完善,依法治国基本方略得到全面落实,人民的权益得到切实尊重和保障;城乡、区域发展差距扩大的趋势逐步扭转,合理有序的收入分配格局基本形成,家庭财产普遍增加,人民过上更加富足的生活;社会就业比较充分,覆盖城乡居民的社会保障体系基本建立;基本公共服务体系更加完备,政府管理和服务水平有较大提高;全民族的思想道德素质、科学文化素质和健康素质明显提高,良好道德风尚、和谐人际关系进一步形成;全社会创造活力显著增强,创新型国家基本建成;社会管理体系更加完善,社会秩序良好;资源利用效率显著提高,生态环境明显好转;实现全面建设惠及十几亿

人口的更高水平的小康社会的目标,努力形成全体人民各尽其能、各得其所而又和谐相处的局面。

3. 大力推进生态文明建设

推进生态文明建设是贯彻落实科学发展观,建设社会主义和谐社会的必然要求。我国一直高度重视资源节约和生态环境保护工作。"十一五"期间,全国单位国内生产总值能耗下降19.1%,二氧化硫、化学污染物排放总量分别减少14.29%和12.45%,基本实现"十一五"规划确定的目标。资源利用效率有所提高,全国单位工业增加值用水量降低36.7%,主要产品单位能耗大幅度减低。环境质量局部改善,2005年到2010年,七大水系国控断面好于三类水质的比例提高18.9个百分点,环保重点城市空气质量达到二级标准的城市比例提高30.3个百分点。生态保护和修复取得成效,森林覆盖率提高2.16个百分点,退牧还草区牧草质量提高,重点生态功能区保护力度加大,全国沙化面积减少。应对气候变化取得进展,通过节能提高能效累计减少二氧化碳排放14.6亿吨。

但经济发展面临越来越突出的资源环境制约,人民群众对良好生态环境的要求越来越迫切。我们必须站在中国特色社会主义全面发展和中华民族永续发展的高度,增强生态危机意识,充分认识生态文明建设是关系人民福祉、关乎民族未来的长远大计。

资料卡片

当前我国所面临的主要生态环境问题有:一是资源约束趋紧,我国石油的对外依存度上升到56.7%,重要矿产资源的对外依存度也在快速上升,多年平均缺水量536亿立方米,2/3的城市缺水,110座城市严重缺水,耕地逼近18亿亩红线;二是环境污染严重,环境状况总体恶化趋势没有根本遏制,一些重点流域水污染严重,部分城市灰霾天气增多,环境群体性事件频发;三是生态系统退化,全国水土流失面积占国土面积37%、沙化土地面积占18%,90%的草原不同程度退化,地面沉陷面积扩大,生态系统破坏带来的自然灾害频发。这些问题的产生,一方面是因为我国人口众多、资源短缺、环境容量有限、生态脆弱;另一方面是我们的经济发展方式没有根本转变,生态文明的理念没有牢固树立,生态不文明的做法还很普遍。从源头上、从根本上解决这些问题,不仅要加快转变经济发展方式,还必须大力推进生态文明建设。

为此,全社会都必须树立尊重自然、顺应自然、保护自然的生态文明理念,把生态文明建设放在突出地位,融入经济建设、政治建设、文化建设、社会建设各方面和全过程,努力建设美丽中国,实现中华民族永续发展。坚持节约资源和保护环境的基本国策,坚持节约优先、保护优先、自然恢复为主的方针,着力推进绿色发展、循环发展、低碳发展,形成节约资源和保护环境的空间格局、产业结构、生产方式、生活方式,从源头上扭转生态环境恶化趋势,为人民创造良好生产生活环境,为全球生态安全做出贡献。

资料卡片

党的十八大明确了今后一个时期推进生态文明建设的重点任务：一是优化国土空间开发格局，加快实施主体功能区战略。控制开发强度，调整空间结构，促进生产空间集约高效、生活空间宜居适度、生态空间山清水秀，构建科学合理的城市化格局、农业发展格局、生态安全格局。提高海洋资源开发能力，建设海洋强国。二是全面促进资源节约。推动资源利用方式根本转变，

加强全过程节约管理，大幅降低能源、水、土地消耗强度，提高利用效率和效益，积极发展循环经济。三是加大自然生态系统和环境保护力度。实施重大生态修复工程，加快水利建设，加强防灾减灾体系建设，强化水、大气、土壤等污染防治。四是加强生态文明制度建设。要把资源消耗、环境损害、生态效益纳入经济社会发展评价体系，建立体现生态文明要求的目标体系、考核办法、奖惩机制。加强环境监管，健全生态环境保护责任追究制度和环境损害赔偿制度。加强生态文明宣传教育，增强全民节约意识、环保意识、生态意识，营造爱护生态环境的良好风气。

人类社会的发展是有规律的，这种有规律的运动源于人类社会基本矛盾的运动。人类社会如同自然界一样，遵循着既定的规律，不断地向前发展，这是不以人的意志为转移的。但是，面对社会发展到21世纪面临的许多问题，我们正确的选择就是树立新发展理念，构建社会主义和谐社会。

思考与练习

一、单项选择题

1. 哲学的基本问题在社会生活中具体表现为 （ ）
   A. 物质和意识的关系 B. 社会存在和社会意识的关系
   C. 实践和认识的关系 D. 唯物主义和唯心主义的关系
2. 经济思想、政治思想、法律思想等观点，从其反映的内容看都是 （ ）
   A. 一定阶级关系和经济关系的产物
   B. 一定阶级对自身所处的特殊的经济地位和利益的反映
   C. 社会意识对社会存在的反作用
   D. 社会存在在人脑中的反映

3. 生产关系范畴反映的是 （ ）
   A. 人与自然之间的关系　　　B. 人与人之间的政治关系
   C. 人与人之间的经济关系　　D. 人与人之间的思想关系
4. 生产力发展水平和性质的主要标志是 （ ）
   A. 科学技术　　　　　　　　B. 劳动者本身
   C. 生产工具　　　　　　　　D. 劳动对象
5. 追求社会全面发展的核心是 （ ）
   A. 经济增长　　　　　　　　B. 人的全面发展
   C. 保护环境　　　　　　　　D. 建立法制社会

二、多项选择题

1. 社会存在主要包括 （ ）
   A. 地理环境　　　　　　　　B. 人口因素
   C. 精神文明　　　　　　　　D. 生产方式
2. 下面关于社会存在和社会意识关系理解正确的是 （ ）
   A. 社会存在决定社会意识　　B. 社会存在对社会意识具有反作用
   C. 社会意识决定社会存在　　D. 社会意识对社会存在具有反作用
3. 推动社会发展的基本矛盾是 （ ）
   A. 社会存在和社会意识　　　B. 经济基础和上层建筑
   C. 生产力和生产关系　　　　D. 生产方式和经济基础
4. 建设创新型国家 （ ）
   A. 体现了"科学技术是第一生产力"的思想
   B. 体现了"科技是推动社会发展的根本动力"的思想
   C. 体现了"科教兴国"战略的基本要求
   D. 体现了"和谐社会"构建的基本要求
5. 下面关于科学发展观的认识正确的是 （ ）
   A. "以人为本"是科学发展观的核心
   B. 发展是科学发展观的第一要义
   C. 全面协调可持续发展是科学发展观的基本要求
   D. 统筹兼顾是科学发展观的根本方法

三、辨析题（判别正误并说明理由）

1. 社会存在决定社会意识，因此，社会经济发展水平越高，思想理论水平也越高。
2. 当前的人口问题是我们面对的最基本的国情，因此是我国社会发展的决定性因素。
3. 经济基础就是生产力。

四、简述题

1. 怎样理解社会生产方式是社会发展的最终决定力量？
2. 简述社会存在与社会意识的关系。
3. 如何正确理解社会发展的根本动力？

4. 如何理解科学技术是第一生产力?
5. 运用所学的哲学原理,说明构建社会主义和谐社会的必要性。

 探究与实践

2000年1月,党中央对实施西部大开发战略提出了明确要求,国务院成立了西部地区开发领导小组,实施西部大开发战略拉开了序幕。

支持东北地区等老工业基地振兴,是党的十六大从全面建设小康社会全局着眼提出的一项重大战略决策。2003年9月10日,国务院常务会议研究实施东北地区等老工业基地振兴战略,提出了振兴东北的指导思想、原则、任务和政策措施。

2004年3月,温家宝总理在政府工作报告中,首次明确提出促进中部地区崛起。2005年3月,温家宝总理在政府工作报告中再次提出抓紧研究制定促进中部地区崛起的规划和措施。2007年4月10日,在发展改革委设立国家促进中部地区崛起工作办公室,中部崛起进入了更具操作性的实施阶段。

从2000年提出"西部大开发",2003年提出"东北振兴",到2004年提出"中部崛起"以及"东部率先",中国经济的整个格局正呈现齐头并进的发展态势。

请以小组为单位,分别收集以上四大发展战略的背景资料,结合本章所学的哲学知识,组织一次"新闻发布会"活动。

第五章 树立正确的人生价值观

"我今年23岁,应该说才刚刚走向生活,可人生的一切奥秘和吸引力对我已不复存在,我似乎已走到了它的尽头。反顾我走过来的路,是一段由紫红到灰白的历程;一段由希望到失望、绝望的历程;一段思想的长河起于无私的源头而最终以自我为归宿的历程……"

1980年5月,一封署名"潘晓"的读者来信《人生的路呵,怎么越走越窄》发表在《中国青年》杂志上。那个23岁少女饱含着泪水的激越诉说,在1980年之夏引发了全国范围一场关于人生观的大讨论,引起了巨大的社会共振。至少有6万封信铺天盖地涌向杂志社,或批评作者的观点,或诉说和作者一样的困惑迷惘。这场人生观大辩论的时代背景,正是在"文革"之后一代中国青年从狂热盲目转向苦闷迷茫的转型期。

时空转换,今天的社会已经有了翻天覆地的变化,但"潘晓命题"仍绵延近不衰,一次又一次地引发青年人对人生观的思考……

第一节 人的本质与人生价值

人是什么?人的本质是什么?人生为了什么?人与人、人与社会是如何联系的?古往今来,众说纷纭。中国自古就有人性善恶之争。孟子认为"人之初,性本善"。荀子认为"人之初,性本恶"。这些认识都有一个共同的特点,就是认为人的本性是先天就有的,不是后天形成的。而马克思主义则认为,揭示人的本质,首先要了解人的属性,明确人与动物的联系和区别。只有在认清人生的基本问题的基础上,才能把握人生价值的本质内涵。

一、人是社会的人

人是什么?乍一看来,好像是一个很简单的问题,因为我们都是人。但是真正用语言给人下一个定义,却又不知从何说起。有的哲学家从生物学意义上理解人,认为"人是没有羽毛的能够直立行走的两腿的动物","人是一架自己会发动的机器";在基督教的神学家看来,"人是上帝创造的最高级的动物";也有学者从社会和文化的视角来理解人,认为"人是历史和文化的产物";等等。而在对"人的本质"等问题的各种回答中,马克思主义的唯物史观最具科学性。

1. 人的自然属性和社会属性

人的本质既是指人之所以为人的内在根据,也是指人之所以形成各种作为人的属性特征的根本所在,是制约和支配人的全部活动、属性、特征的最根本的东西。人既有自然属性,又有社会属性,人的本质在于人的社会性。

人的自然属性是指人在生物学上、生理学上的特点,即人具有的类似动物的身体结构和自然本能,比如食欲、求生欲等。人是自然界长期发展的产物,人同自然界中的其他生物一样,具有某些共同的自然属性。这是人与生俱来的本性,是人存在和发展的物质前提。

哲理故事

人的自然属性在生理上与动物的自然属性有着很大的共同点。人和动物的自然属性都是由肉体的器官引起的生理本能,都是与生俱来、不用学习就会的。因为,任何生物个体都要和它周围的事物进行物质和能量的交换,以新陈代谢方式使得自身生长发育,并且按照一定的遗传变异规律来进行繁衍,使它的种族得以延续和进化。

据俄罗斯新闻网2004年8月3日报道,俄罗斯南西伯利亚阿尔泰地区警方3周前在当地一所荒无人烟的住宅中发现了一名"狗模狗样"的7岁男孩,调查发现,这名男孩在3个月大时就被亲生父母抛弃,是一只看家狗将他"抚养长大"。这名可怜的"狗孩"名叫安德雷,居住在阿尔泰地区一处偏僻荒凉的房子里。在安德雷只有3个月大时,他的母亲就忍受不住孤独和贫困弃他而去,再也没有回来;安德雷的父亲是一个酒鬼,几天后也弃他而去。令人难以置信的是,当安德雷的父母全都弃他而去后,家里的一只看家狗主动承担起了照顾安德雷的责任,它将哭叫的小主人拖到自己的狗屋边,每当安德雷嗷嗷待哺时,这只看家狗就会外出寻找食物。在狗的照顾下,安德雷长到了7岁。阿尔泰地区警方日前在这座废弃的荒凉住宅中发现了这对奇特的"母子俩"。由于长期与狗在一起,耳濡目染之下安德雷的一切习性几乎与狗相差无几:他用四肢爬着走路,用嘴叼咬东西,当警方给他食物时,他竟然先用鼻子对食物闻个不停,直到确认安全后才张开嘴吞咽食物。

可见,这个男孩由于远离人类的社会生活,在他的身上更多地体现出了人类作为动物的本能,也就是人的自然属性。

人的社会属性是指人在社会关系中形成和表现出来的由社会共同体赋予的属性。人的社会属性是人们在改造自然和社会的实践活动中逐渐形成和发展起来的,是人区别于动物的本质特征。主要表现为以下几个方面:

第一,人是社会的产物。人不仅是自然界长期进化的结果,更是社会自身的产物。社会性劳动在人和人类社会的形成中起了决定性的作用,劳动创造了人本身。

第二,人的生产活动具有社会性。物质资料的生产活动是人类生存和发展的基础,而生产活动只能在一定的社会关系中进行。生产资料的占有关系决定了交换关系、分配关系和消费关系。

第三,人的生活具有社会性。任何一个现实的、具体的人都处于多种多样的社会生活中,也总是在一定的社会关系中去参与社会活动。人们深刻地受到了他所处社会的影响,扮演着各种社会角色,履行着社会责任。

2. 人的本质及其属性

自然属性只是人的本质属性的自然基础,而在人类的社会实践中,人的自然属性也明显地打上了社会烙印,可以说是社会化了的自然属性。人之所以不同于其他动物,就在于人能够联合起来,组织在一起,结成以生产关系为基础的各种社会关系,进行共同劳动。因此,人的本质不能单从自然人和人的生理特征上去考察,虽然人具有一般动物生命的本质属性,但是对人具有决定意义的还在于社会生活,人的深层本质只能从人的社会关系中去揭示。因此,决定人的本质是人的社会性,人的本质体现在劳动实践中,劳动是人类最基本的社会实践。

第一,社会性揭示了人区别于动物的特殊本质,是人特有的属性。人的自然属性是人的社会属性的物质承担者,但不是人的本质属性。因为人的本质指的是人与动物相区别的根本特征,而人的自然属性是人与动物的相似之处,这一属性不能将人与动物区分开来,只有社会属性才能使人成其为人。

第二,人的社会性制约着人的自然性。人的自然属性是作为社会存在物的人的属性,它不同于一般动物的生物属性,它不是纯自然的,而是经过了社会的改造,是社会化的自然属性,因此具有鲜明的社会色彩。人的生理机能的满足,在内容上已融入了深刻的社会、文化因素。人的自然属性受社会、文化因素的制约,渗透着人类社会文化的内涵。比如,人的食欲满足具有了饮食文化的丰富内涵;人的繁衍的需要是通过婚姻来实现的,而婚姻中还包括了爱情。可见,人的生理需求的满足要受到社会的道德伦理、法律法规等的制约。

 阅读思考

人的自然属性和动物的自然属性也有一定的区别。动物的自然属性是纯粹的自然属性,人的自然属性是社会化了的自然属性。例如,动物饿了要吃,人饿了也要吃。但是,动物是饿了就吃,饱了就停,受本能的驱使,不顾及其他。人则不同,人饿了不一定就吃。当宴请朋友的时候,饭菜都做好了,朋友未到,主人也不会吃,要等朋友来了一块儿吃。人饱了也不一定就停。在朋友还没有吃饱饭的时候,主人即使吃饱了也不会停下来,要陪客人把饭吃完。这就说明,人的自然属性不是和人的本质毫不相干的,而是受着人的本质的制约。我们不能离开人的本质理解人的自然属性,把人的自然属性和动物的自然属性看成是完全一样的;更不能把人的自然属性当作人的本质。正如马克思所说:"人的本质不是人的胡子、血液、抽象的肉体的本性,而是人的社会特质。"

你能否再举出一两个这样的事例?

因此,人的本质属性是人的社会属性。人的本质在其现实性上,是一切社会关系的总和。世界本身就是一张巨大的联系之网,人就生活在各种各样的社会关系之中,如经济关系、政治关系、思想关系等,由这些关系又可演化出更为具体的种种关系,如家庭关系、亲情关系、朋友关系、民族关系、地缘关系、业缘关系、阶级关系、法律关系、道德关系等。这些关系都对人的本质有影响,它们的总和构成了人的本质。人在社会关系这张巨网之中所处的位置不同,他所占有与接触的社会关系就不同,由此导致了各自不同的生活环境、生活方式。在长期的社会实践中,人们形成了各自的心理、习惯、爱好、立场、交往方式、能力、品质等。

3. 人生的基本问题

人生涉及的问题很多,有人生的目的、人生的理想、人生的价值、人生的道路等重大问题,也有诸如学习、生活、劳动、工作、友谊、恋爱、家庭乃至生老病死等具体的问题。如何处理和解决这些问题,依赖于人们对个人和社会关系问题的认识。因为人既是个体的人,又是社会的人,处在一定的社会关系中,人的一生都贯穿着个人和社会的关系问题。因此,人与社会的关系问题是人生最普遍、最基本的问题。

马克思主义认为,个人和社会之间的关系是辩证统一的,个人活动与社会发展存在着相互联系、相互制约的关系。

第一,个人活动对社会发展产生能动的影响。人是社会实践的主体。个人在社会生活中,总是在从事这样那样的有意识、有目的的活动,这些活动作用于社会,从而在社会历史发展的过程中留下自己的印记。在历史上,无论是杰出人物还是普通个人的实践活动,总会或多或少地、直接或间接地对社会历史产生一定的影响。

哲理故事

郑和原姓马,字三保,回族人,祖居云南昆阳州(云南晋宁)。明太祖统一云南后,郑和被阉入宫。靖难之役中,从燕王起兵有功,朱棣赐他姓郑,提拔为内官监太监。为了发展对外关系,明成祖特地派遣郑和下西洋,对亚非各国进行贸易和访问。

郑和第一次航行,有船只62艘,水手、船师、卫兵、工匠、医生、翻译共2.7万多人。最大的船长44丈,宽18丈,可以容纳1 000多人,是当时航行海上最大的船只。船上有航海图、罗盘针,具有当时世界上先进的航海设备和技术。郑和的船队满载中国瓷器、茶叶、铁器、农具、丝绸、纻丝、金银等各类商品,用以换回亚非各国特产,如象牙、香料、宝石等海外奇珍异宝,因此人们把这些船称为"宝船"。

郑和船队成为中国与亚非各国之间的友好使者。许多国家的国王和使臣搭乘郑和的宝船来中国访问,明政府对他们给以热情接待。郑和下西洋大大地促进了中国和亚洲、非洲国家的政治、经济、文化交流。中国到东南亚的侨民也迅速增加,他们带去了先进的生产技术和文化知识,为南洋的开发做出了贡献。同时,郑和下西洋显示了中国人在造船、航海等方面的高超技术,证明在当时,中国在世界航海事业中居于领先地位;也反映了当时中国作为一个封建大一统的国家在政治、经济、文化上所取得的成就。

当然,个人活动对社会历史发展所产生的作用是不一样的。当个人活动符合社会发展的规律,反映了广大人民群众的根本利益时,就会对社会发展产生积极的促进或推动作用;反之,则会对社会发展产生消极的阻碍作用。个人活动对社会发展的作用有大小之分。由于个人的思想素质、知识结构、工作能力以及发挥主观能动性的程度等不完全一样,个人所处的家庭、学习、工作等方面的环境也不尽相同,因而个人活动对社会发展所起的作用的大小也是有区别的。

第二,个人活动受社会发展的制约。个人活动对社会发展具有能动作用,但个人活动并不是随心所欲的,它要受到社会条件和客观规律的制约。这主要表现在两个方面:其一,受社会环境的制约。任何人都是在一定的社会环境中生存和发展的。一定的生产力状况和生产关系的性质、社会的政治制度、文化程度等,都制约着个人的活动。其二,受社会发展规律的制约。在社会历史领域,任何活动都是由人来参与的,而人的活动又有主观的动机和目的。但社会发展具有不以人的意志为转移的客观规律。人的活动只有符合社会发展的客观规律,才能达到预期的目的,否则就会遭到惩罚。

总之,个人活动对社会发展能产生能动的影响,社会又制约着个人活动。个人是社会的个人,社会是由个人组成的社会。人的生存离不开社会,人的发展更需要社会提供种种条件。

对个人和社会关系问题的不同回答,是区别人生观是否正确的根本依据。个人和社会的关系问题实际上是个人利益和社会利益的关系问题。以个人利益为重还是以社会利益为重来处理两者的关系,这是两种不同的人生观。人们对待个人和社会关系的不同态度及处理的不同方法,是区别正确人生观和错误人生观的界线。因此,个人和社会的关系问题是人生中所面临的最基本的问题。正确理解这个问题对于我们探究人生的其他问题有着重要的意义。

二、人生价值

1. 人生价值的内涵

价值是一个普遍的概念,是指一个事物与其他事物在一定的关系中所表现出来的某种用途或积极作用。它最先被运用于经济领域。马克思主义认为,"价值"这个普遍的概念是从人们对待满足他们需要的外界物的关系中产生的,这种关系包含了两个方面的内容:一是外界物对人们需要的满足,二是人们对满足他们的需要的外界物的评价。它所表现的是主体人与客观物之间的需要与满足需要的关系。可见,价值的实质不在于它的自然性,而在于它的社会性。简言之,价值就是客观事物能够满足人们某种需要的有用性。

人生价值是一种特殊的价值。社会实践中,人在价值关系中的主体、客体位置不是固定不变的,人既是主体,又是客体,是主客体的有机统一。一方面,个人总是生活在社会中,作为他人和社会的价值客体,以其活动及成果来满足他人和社会的需要;另一方面,每个人都有自身的利益和需要,要依靠他人和社会的活动及其成果来满足。

由此,人生价值就包括了两个方面:一是个人对社会的责任和贡献,二是社会对个人需要的尊重和满足。前者体现了个人对他人和社会的意义,就是人的社会价值;后者体现了社会对个人和个人对自身存在的意义,就是人的自我价值。人在价值关系中是主客体的统一,人生的价值也是人生社会价值和自我价值的统一。

 阅读思考

纵观人类历史,有名垂千古的俊贤,也有背负千古骂名的罪人。诗人臧克家说过:"有的人活着,他已经死了;有的人死了,他还活着。他活着别人就不能活的人,他的下场可以看到;他活着是为了多数人更好地活着的人,群众会把他抬得很高、很高。"

爱因斯坦说:"一个人的价值,应当看他贡献什么,而不应当看他取得什么。……对于我来说,生命的意义在于设身处地地替他人着想,忧他人之忧,乐他人之乐。……一个人对社会的价值首先取决于他的感情、思想和行动对增进人类利益有多大作用。"因此,人生价值不能仅从个人拥有财富的多少来衡量,而更应从内在品德、精神和对社会的贡献去衡量。

你同意这样的观点吗?

2. 人生的真正价值在于人的社会价值

人生价值内在地包含了人生的自我价值和社会价值两个方面。人的社会价值,是个体的人生活动对社会、他人所具有的价值。衡量人的社会价值的标准是个体对社会和他人所做的贡献。人的自我价值,是个体的人生活动对自己的生存和发展所具有的价值,主要表现为对自己物质和精神需要的满足程度。

人生的社会价值和自我价值是紧密联系的。社会离不开个人,个人更要依赖社会。个人和社会之间是一种相互需要、相互满足的关系,人的社会价值和人的自我价值是人生价值的两个不可分割的组成部分。

第一,人的社会价值和自我价值是互为前提、不可分割的。一方面,社会中的每个成员都必须充分发挥其劳动和创造的积极性,为社会创造出尽可能多的物质财富和精神财富,从而实现其社会价值;另一方面,正是由于个人为社会做出了贡献,社会就根据每个人劳动和创造的质与量,给予相应的物质和精神的满足,从而实现人的自我价值。如果只看到人的自我价值而不考虑社会价值,自我价值就成了无源之水,也根本无法实现;反之,如果只注重人的社会价值而忽视人的自我价值,就会影响人们劳动和创造的积极性,从而影响人的社会价值的实现。

第二,社会价值是人的根本价值,是自我价值实现的基础。从上面两者关系的分析来看,自我价值实现的前提,必须是为社会做贡献,也就是人的社会价值。而人们认为自己对社会、对他人有价值、有意义,其前提也是为社会和他人做贡献。所以,说到底,人们只有为社会做出了贡献,才可能获得幸福的生活,不仅生活的物质基础有保障,人的精神世界也感到充实和愉快。因此,人生的真正价值在于对社会的贡献。

 哲理故事

"对面山上马铃响,绿衣使者送信来,端茶送水好热情,亲人来信乐开怀。"每隔七八天,苗族山歌和悦耳的马铃声,就会在木里藏族自治县至白碉乡、三桷桠乡和倮波乡的马班邮路上响起。一听到歌声和马铃声,藏区的老百姓都会兴奋地从家里跑出来,大声地招呼着:"老王来了,老王来了。"被人们亲切地称为"老王"的人叫王顺友。老王是苗族人,43岁,在木里

藏族自治县邮政局担任乡邮员,负责木里县城至该县白碉乡、三桷桠乡和俅波乡的邮件投递工作。四川省木里藏族自治县位于青藏高原和云贵高原的结合处,大山环绕、沟壑纵横,交通极为不便。时至今日,马班邮路仍是这里与外界沟通的重要渠道甚至是唯一渠道。

王顺友说:"我啥苦都不怕吃,就怕孤独和寂寞啊。山上没有人,到了晚上最害怕了,我只有看着自己的马和它说说话,抽上一袋旱烟,喝上几口烧酒解闷儿。"乡亲们都称王顺友为"王胆大",因为他一个人敢走这条充满危险和艰辛的路;因为他敢在下雨有泥石流的情况下走这条路;因为他敢在下着雪的时候翻越海拔 4 190 米的察尔瓦梁子;因为他敢一个人走在过去有歹徒出没的这段路上。其实,王顺友的胆大是源自他对工作的忠诚,对乡亲的热爱。

就这样,在恶劣的自然环境和艰苦的工作条件下,在马铃孤寂的叮当声中,王顺友以超乎常人的坚韧,日复一日,年复一年,在漫长的马班邮路上孤独跋涉了 20 年,行程 26 万多公里,相当于走了 21 个二万五千里长征,相当于围绕地球转了 6 圈!他把党的声音、外界的信息、亲友的音讯传送到了大山里的千家万户,赢得了各族群众的欢迎和赞誉。

2005 年 10 月 19 日,在瑞士伯尔尼万国邮政联盟总部,王顺友的报告感动了来自 86 个国家的 300 多名与会代表。万国邮联行政理事会秘书、韩国的李女士说:"王先生的事迹非常感人,我在主席台上看见台下的许多人都流眼泪了,我的泪水也溢满了双眼。由于所有参会人员的感情都沉浸在王先生的报告里,以至于在王先生的报告结束后,我无法继续我下面的工作。"万国邮联国际局副总局长黄国忠对王顺友说:"你今天震动了万国邮联,可以说是誉满全球,希望你以后再接再厉,一定要走好马班邮路。因为作为一个普通的中国乡邮员,你是第一个被邀请走上万国邮政联盟讲台的人,成了世界邮政的明星。作为中国人,我为你骄傲,你为中国邮政争了光,为中国人民争了光!"

正是由于王顺友的突出贡献,全社会才给予了他极高的尊敬。也正是因为这样,王顺友这位只读过小学三年级的普通人,有了不平凡的人生,表现出了巨大的人生价值。

在人类的历史长河中,只有为社会做出贡献的人,历史才会记住。因此,每个人都应该不断地为社会发展和进步做出自己的努力,在实现社会价值的同时,追求自我价值,真正体现出人的社会价值和自我价值的高度统一。

第二节 树立正确的人生价值观

有人说,如果把人当作一个纯粹的生物体出售的话,最多也就值几千元;如果把器官移植给他人,也许值几十万元。但这代表了一个人的价值吗?当然不是。人生不仅仅是一个自然过程,还包含着极为丰富的社会内容。人们在生产、交往的社会实践中形成了这样或那样的人生价值追求,以一定的人生观指导自己的行为,赋予人生这样或那样的意义。柏拉图说过,人是寻求意义的动物。树立正确的人生价值观对一个人的一生来说至关重要。

一、走出人生观的误区

人生观涉及许多具体的问题,但最基本的是个人和社会的关系问题。如何对待个人和社会的关系,是判断人生观是否正确的根本依据。个人和社会的关系,实质上是个人利益与社会利益的关系。把个人利益放在首位,还是把社会利益放在首位,是划分正确人生观与错误人生观的主要标志。青年人应该树立"以社会为本位,把社会利益放在首位"的观点,培养为人民服务的人生观,坚决抵制拜金主义、享乐主义、实用主义和个人主义等错误人生观的影响。

1. 反对拜金主义人生观

所谓拜金主义,就是盲目崇拜金钱,把金钱价值看作最高价值,人生的一切行为都要服从于追求和占有金钱的思想观念和行为。奉行这种人生价值观的人为金钱而疯狂,为私利而追求。当今社会,这种思想仍然在一定程度上影响着人们,导致各种"重物质利益轻无私奉献"的情况出现,如"理想、理想,有利就想","前途、前途,有钱就图"等。这种人生价值观无论是对个人还是对社会都是有害的。在市场经济条件下,金钱是不可回避的问题,那么金钱和人生价值之间是一种怎样的关系呢?

第一,金钱是人生不可或缺的,但不是人生的全部内容。在社会主义市场经济条件下,金钱是商品交换的媒介,是人们从社会中获取生活、生产资料的条件。因此,金钱是实现人生价值的重要保证。但人生的追求是多方面的,物质生活的满足程度只是其中的一个部分,还要包括理想的实现、事业的成功、家庭的幸福、健康的体魄、充实的精神生活等,它们虽然和金钱有联系,但不是用金钱来衡量的。

  阅读思考

作家易卜生说:"钱能买来食物,却买不来食欲;钱能买来药品,却买不来健康;钱能招来熟人,却招不来朋友;钱能带来奉承,却带不来信赖;钱能使你开心,却不能使你幸福。""一个人在生前拥有再多的财富,再大的权势,无论再怎么不舍、不甘、不愿,却不可永远占有,总有撒手而去的时候,那么活着的时候就不要贪得无厌,要知道该得的才得,不该得的明智舍弃。要舍弃对金钱的贪欲,不取不义之财,得到的是安心和快乐。"

你如何理解这些发人深省的名言?

第二,获得金钱的手段应该是正当的、合法的。人们想拥有更多的金钱财富无可非议,"君子爱财,取之有道",获得报酬必须建立在诚实劳动和合法经营的基础上,必须建立在每个人对社会贡献的基础上。任何投机取巧的非法手段都是不可取的。

  阅读思考

戴玉银,女,生于1968年8月,江苏省南京市江宁区人。她是一名月收入只有几百元的体彩销售员。尽管生活并不宽裕,但面对生活中一次次唾手可得的发财机会,她却一次次选择了放弃。

2000年7月,戴玉银受聘在竹山路32号体彩销售点当销售员。6年多来,戴玉银做了多少次把中奖彩票还给买主的"傻事",自己也记不清了。单是2006年以来,把万元以上的中奖彩票还给买主的就有五六次。

2007年4月10日,她替人购买并代为保管的一张彩票,意外中得500万元大奖,可她还是把这张彩票给了买主。她的信条是:"做人要诚信,不是自己的绝对不拿。"

戴玉银与陶敏结婚已14年,但至今仍住在一套自建的简陋住宅内。戴玉银没有固定工作,当彩票销售员,月收入只有七八百元。丈夫下岗7年,2006年才找到一份工作,月薪也仅600多元。还要赡养公婆,培养正在读初中的儿子,生活压力很大。戴玉银时常想:"要是能有一大笔钱,所有烦心事就都解决了。"

4月9日,戴玉银受彩民小刘委托,按他事先拟定的号码买了40元彩票。次日一早,戴玉银打开终端机查看前晚的中奖信息时,发现一注500万元特等奖竟诞生在自己的站点。她找出小刘没拿走、还没付钱的彩票一一对照,发现中奖者确实是小刘。

彩票兑奖,只认票不认人。此时,戴玉银只要带着这张彩票和自己的身份证来到体彩中心,就可以领走大奖,她长期的经济压力转眼也就能缓解。短暂的思想斗争后,戴玉银做出了决定。接到戴玉银的电话通知,第二天傍晚,小刘来到彩票销售点,领回了中奖彩票。他由衷地对戴玉银说:"你这人太实在了。"

"这本来就是你的。"戴玉银平静但又很"遗憾"地说,"不过要是这次中奖的是我丈夫就好了,儿子上一所好学校,老人生病什么的,也不用担心没钱了。"

戴玉银诚实守信的事迹经国内各大媒体报道后,社会反响强烈,一些网站还增开了讨论专题,网民们感叹,社会太需要这样诚信的人了。

你又是如何理解金钱在人生中的作用的呢?

2. 反对享乐主义人生观

享乐主义人生价值观表现为过分看重人生的物质享乐,认为人生的目的和意义在于追求物质享乐。这种人生价值追求常常表现为无远大理想,否认个人对社会的责任,主张及时享乐,讲眼前"实惠",甚至把追求个人快乐看作人生第一要义。它强调从人的自然本性出发,把吃喝玩乐作为人生的唯一目的和最大乐趣,把人与动物完全等同起来,甚至只讲生活享受,不讲财富创造,把享受与创造对立起来。

 阅读思考

当代中国,经济发展和消费品数量的增加、质量的提高,使人们的消费水平不断提高。同时,受发达国家"享乐主义"消费价值观的影响,一些不符合国情的理念也慢慢滋生,如"用过即扔""追求高消费""超前消费"等。"消费主义"把消费看作人生的最高目的,把购物和消费当作生活的主要内容,它以无节制的物质享乐为生活的主要准则。受"享乐主义"支配的消费实质是挥霍纵欲、奢侈浪费,是一种异化的消费。这种消费观与我们的国情不符,且不健康、不合理,必须摒弃。

不顾国情和生产力发展水平的高消费、贪图享受、挥霍浪费将会导致资本与资源的匮乏。同时,奢侈之风、淫乐之气的盛行也会销蚀人们的创造精神与进取精神,最终影响到人的全面发展。科学的消费观要求人们根据社会生产力的发展状况调整自己的需要,合理消费。

请你评述一下当前青年学生的消费观。

享乐主义人生价值观是青年实现人生价值的陷阱,其最大的危害就是使人们意志消退、贪图安逸,缺乏进取精神。其实,享乐只能产生于创造的过程中,只能产生于对人生有价值生活的体验中。享乐不是感官的物质享受,而应是一种精神的体验。真正懂得享乐的人,是将生命置于社会实践之中,为社会发展做出积极努力的人。

3. 反对实用主义人生观

实用主义人生价值观把"是否对自己有用"作为行为选择的标准,把"有用""有利""方便"作为待人处世的原则和信条。在他们看来,人生的价值就在于"有用"和"方便",有用即价值。金钱、地位、权力对我是有用的,人活着就要追求这些东西。只要对自己"有用",就可以不择手段,不管是否损害集体、国家和民族的利益,都可以去做。其实质是典型的利己主义。

资料卡片

实用主义现在已经渗透到当今社会的许多领域,有的领域还很严重。有人列举了以下表现:

不讲商业道德,不守商业信用,坑蒙拐骗,尔虞我诈,制假售假,兜售伪劣产品,不顾及消费者的生命安全,丧心病狂地挣昧心钱,偷税漏税。这是实用主义在商业领域的表现。

跑官要官,不安心本职工作,不谋事,只谋人,极尽巴结献媚之能事,同事之间钩心斗角,轻者造谣中伤,重者雇凶杀人,栽赃陷害,结党营私,对上报喜不报忧,不按客观规律办事,大搞形象工程,劳民伤财,索贿受贿,把手中的权力变成敛财的工具。这是实用主义在官场上的表现。

敲竹杠,雁过拔毛,不给好处不办事,给了好处乱办事,把岗位职责、手中的权力当成捞取个人利益的资本,知法犯法,执法不严,钻法律空子,投机取巧,有的甚至充当黑社会的保护伞。这是实用主义在执法部门的表现。

极端个人主义盛行,只讲个人利益,不讲集体利益,只图索取,不讲奉献,个人意气用事,歪曲以人为本的理念,受不了挫折和打击,家长说不得,老师批评不得,一切以自我为中心,个人的欲望得不到满足,就对社会发泄不满,自暴自弃,报复社会。这是实用主义在学生中的表现。

实用主义人生价值观对青年有很大的毒害作用,它会使人失去前进的目标,变得胸无大志,唯利是图,道德沦丧,甚至走上违法犯罪的道路。因此,对青年来说,批判和清除实用主义人生价值观的影响是非常必要的。

二、树立正确的人生价值观

人生就是这样,面对种种选择,有的人选择了勇敢,有的人选择了懦弱;有的人选择了伟大,有的人选择了渺小;有的人选择了高尚,有的人选择了卑劣。尽管在人类社会长河中涌现过形形色色的人生观,但只有以"为人民服务"为核心内容的人生观,才是科学高尚的人生观。青年学生应当自觉地用"为人民服务"的人生观指引人生,在服务人民、奉献社会的实践中创造人生的价值。

1. 坚持集体主义,反对个人主义

集体主义是社会主义道德的基本原则,也是新中国成立以来在道德建设上的一贯主张。正确理解集体主义原则,自觉抵制个人主义的狭隘观念,是青年学生实现人生价值的思想基础。正确理解集体主义的含义,需要正确处理集体利益和个人利益的关系。

第一,集体利益高于个人利益。在社会主义条件下,从根本上说,集体利益和个人利益是一致的,但在特定的具体条件下,两者也会发生矛盾。在解决这一矛盾时,应当提倡集体利益高于个人利益的原则,要求个人利益服从集体利益。因为,集体利益体现着集体的普遍的、长远的利益,也体现着每个集体成员根本的利益,集体利益是实现个人利益的前提和保障。集体主义强调在必要的情况下,即当国家和人民的利益受到严重威胁的紧急关头,如抵御外敌入侵、抢险救灾等,个人都应当挺身而出,以国家、人民的利益为重,直到牺牲自己宝贵的生命。

哲理故事

2003年12月23日22时15分,是重庆市开县人民永远不会忘记的惨痛时刻。重庆市有史以来最大的井喷事故发生了。正在施工的中国石油西南油气田分公司川东北气矿罗家16号矿井发生井喷事故。混有剧毒硫化氢毒气的天然气顿时冲天而起,冲高30米左右,并迅速向附近乡镇蔓延。这是一场突如其来的灾难,面对这一特大井喷事故的严峻考验,巴渝大地的优秀儿女们在危难时刻挺身而出,谱写了一曲感天动地的壮歌。

地处井喷事故所在地的重庆市开县高桥镇晓阳村,党支部书记周克安在事故发生后,急匆匆地对妻子说:"赶快带着孙女往正坝方向跑!我要赶快通知村民撤离……"说着,就像箭一样地冲出家门,消失在黑夜之中,挨家挨户督促村民撤离。他熟悉地形,主动为搜救队带路,从危险区救出了一批又一批老人和孩子,却一直顾不上妻子和孙女的安危。三天后,他从搜寻到的遗体中找到了这两位亲人,痛失亲人的悲伤泪水再也无法忍住。

高桥镇初中的代课教师谭世明,当灾难袭来时,首先将电话打给学校领导,通知井喷灾情,让赶快组织学生转移。随后,他骑着摩托车四处呼喊乡亲们撤离,终被毒气熏倒。

当搜救人员找到谭世明的遗体时,他一只手用毛巾捂着鼻子,一只手拿着手机。手机里还有一个没来得及拨出的通知转移的号码。

面对这些以集体利益为重的崇高行为,开县的群众动情地说:"让我们记住这些普通的名字吧!"

第二,重视个人的正当利益。集体主义在强调集体利益高于个人利益的前提下,同时强调集体必须尽力保障每个成员的个人正当利益的满足,促使个人价值的实现,并力求个人的个性和才能得到发展。因此,把集体主义看成是敌视个人或束缚个人的观点都是错误的。

第三,促进个人和集体的不断完善。集体主义作为社会主义道德的基本原则,它要求集体和个人都要不断地完善自身,从而使集体利益和个人利益能够在辩证统一的关系中不断得到发展。

坚持集体主义就要旗帜鲜明地反对个人主义。个人主义人生观是一切从个人出发,把个人的利益放在集体利益之上的人生观,主张个人本身就是目的,具有最高价值,社会和他人只是达到个人目的的手段。个人主义是生产资料私有制的产物,是资产阶级世界观的核心。个人主义作为资产阶级的人生观,与社会主义的为人民服务的人生观是根本对立的。

极端个人主义是个人主义人生观的一种表现形式,它突出强调以个人为中心,否认社会和他人的价值,甚至不惜以损人利己的方式来追求自己的人生目标。极端个人主义在个人与他人、个人与社会的关系上表现为极端利己主义和狭隘功利主义。我们应该旗帜鲜明地反对个人主义特别是极端个人主义。

目前,在我国一些领域出现道德失范,在一些人中间出现把个人利益放在首位,宣扬"个人本位",以"个人为中心",以尊重"个人利益"为借口,为谋求不正当的私利而置国家利益和集体利益于不顾的现象。要改变这一现状,必须坚持集体主义,反对个人主义。

资料卡片

当前个人主义思想对青少年学生的影响主要表现在:

第一,引发价值观念错位。个人主义作为一种思想体系和价值观念,其终极目的是要引导人们背离社会主义,走向资本主义。个人主义所强调的"个人中心""个人价值高于社会价值"以及"私有财产制度是永恒而神圣的"思想,是同我们所强调的"集体主义""共同富裕"和"建设中国特色社会主义"背道而驰的。当前,某些青少年不同程度地以个人主义指导自己的行为,并且用自己的言行影响着周围的人,不仅危害自己,而且也危害别人,危害社会。

第二,扭曲人际交往观念。有的青少年信奉"个人是目的"的观念,为了自己的私利,拉帮结派,搞小团体主义,哥们义气盛行。他们对自己和"同伙"的不道德行为乃至违法乱纪行为不仅不批评、不揭发,反而相互庇护、遮掩。为人不讲诚信,做事不讲原则。

第三,削弱群体意识。个人主义在处理个人与集体、与社会关系的问题上,一切以是否对自己有利为前提,导致对集体利益漠不关心,甚至损害集体利益。有的人甚至独来独往,似乎个人的成长与集体无关,严重的甚至导致心理异常。

第四,腐蚀生活作风。在个人主义价值观的支配下,有的青少年为了满足自己的私欲和虚荣心,为了追求自己的享乐、派头,不顾家庭经济条件,有的以欺骗手段骗取父母的钱财。更有甚者,为弄到钱而铤而走险,进行小偷小摸、盗窃犯罪。崇尚个人为中心,在学习上势必缺乏社会责任感,自己想学就学,想玩就玩,学习不努力,考试时则千方百计作弊。其结果就只能是重修、退学而不是成才。

在社会主义国家里,人民是国家的主人,树立全心全意为人民服务的人生观是对全体公民的基本要求。把为人民谋取利益作为一切社会活动的根本出发点,有利于社会和人民的事就做,不利于社会和人民的事不做。只有这样,我们的事业才会兴旺发达,我们才会无愧于伟大的时代,无愧于做社会的主人。

2. 正确处理义与利的关系

义与利是人生历程中经常遇到的一对矛盾。如何正确对待义与利,怎样才能摆正义与利的关系,是人生中一个重要的课题。

所谓义,是指思想和行为符合一定的道德原则。所谓利,即利益、功利,主要指物质利益。义与利的关系问题实际上是道德原则和物质利益的关系问题。人们对道德原则和物质利益关系的基本观点和态度,就是人们的义利观。在中国历史上,有各种各样的义利观,综合起来,主要有以下三种:"重义轻利"观,"重利轻义"观,"义利并重"观。

正确处理义利关系要坚决反对见利忘义。见利忘义历来是人们深恶痛绝的卑鄙行径。中华民族历来十分推崇义不苟取的行为,历来提倡不义之财不可取,不义之利不可图,不义之名不可争,不义之官不可做的精神。但同时,我们也能听到和看到社会上有一些人,"利"字当头挂,为了获得利益不惜制假贩假,坑蒙拐骗;不顾良心道德、党纪国法,信奉"享乐为上"的利己主义,赚不义之钱,谋不义之财,最后走上了违法犯罪的道路。

 阅读思考

2006 年 4 月 21 日晚 10 时许,由山西前来广州打工的许霆到黄埔大道西平云路上某银行的 ATM 取款机上取款,本来只想取款 100 元,谁知机器里面"吐"出来的却是 1 000 元,再进行余额查询,显示仅扣除了 1 元。许霆大吃一惊,然后抱着试试的心态,他再次点击 100,出来的还是 1 000,而余额扣除仍然只有 1 元钱。反复数次,许霆已经从这台"神奇"的 ATM 机上取出了 5.4 万元。

当晚许霆的同伴郭安山得知后,立即回到住处拿了自己的银行借记卡,与许霆一同来到上述取款机处。许霆再次用银行卡取款人民币 16 000 元,郭安山则取款人民币 3 000 元。随后,两人逃离现场。4 月 22 日零时许,两人第 3 次返回上述地点,通过同样的方式,郭安山取款人民币 5 000 元,许霆取款人民币 10 万多元。2007 年 5 月 22 日,携款潜逃一年后,许霆在陕西宝鸡落网。

从人生观的角度,你如何评价许霆的行为?

因此,我们应该在思想上牢固树立正确的义利观,杜绝一切见利忘义的想法和行为。

做一个有益于国家、有益于社会、有益于他人的人,做一个堂堂正正的人。

正确处理义利关系还要努力提倡义利统一。反对见利忘义不等于说只要"义"不要"利"。其实,只要正确对待"利",就能处理好"义"和"利"的关系,做到义利的统一。古人说"君子爱财,取之有道",只要是凭自己的辛勤劳动而获得的合法收入,是该值得保护和尊重。所以,提倡义利统一,就是提倡在不违反道德和法律的前提下去获得合情合理的"利"。决不提倡抛开国家、集体和他人,专门为自己谋私利,要做到"先公后私""公而忘私";也不是提倡只顾眼前,不考虑长远的"急功近利"。

3. 正确处理苦与乐的关系

人生有苦也有乐,苦与乐的矛盾是人生不可避免的,并伴随着人生的全部过程。

所谓苦,是指人们对物质和精神方面的欲望及追求遇到挫折和不幸所引起的心理反应,是一种痛苦、烦恼的心理状态。所谓乐,是指人们对物质和精神方面的追求得到满足的一种如意感和幸福感。

苦与乐的辩证统一关系要求我们正确对待人生过程中的苦与乐,树立正确的苦乐观。

第一,用劳动创造快乐。人生就是劳动,人生就是创造。只有靠劳动才能创造自己的幸福生活,没有劳动就没有幸福和快乐。每个社会成员正是在改造自然、改造社会的劳动中,感受到自己的力量,从社会进步发展中,感受到快乐和幸福。

第二,保持乐观的态度,坚定人生信念。乐观主义精神是正确苦乐观的核心,它要求人们在困难和挫折面前要看到光明的前途,乐观进取,积极向上,无论面对怎样的困难,都不灰心、不气馁、不悲观,始终充满必胜的信心。

 阅读思考

有的青年不能正确地对待人生中的"苦",遇到挫折就心灰意冷,自暴自弃,甚至对生活丧失信心。如有的青年因为在考试、交往、恋爱、就业等方面一时受挫,就走上轻生的道路。事实上,这些问题都是成长中的问题,是每个人成长过程中都会遇到的问题,并不是命运对自己的不公。北宋诗人苏轼曾说:"人有悲欢离合,月有阴晴圆缺,此事古难全。"这里面包含着深刻的人生哲理,是生活的辩证法。人生的道路并不是一帆风顺的,既有崎岖的山路,也有暴风雨的袭击。对此,我们应保持乐观的态度,相信自己能够战胜困难。人生只要抱着坚定的信念和希望,就一定能够战胜任何困难痛苦,取得成功。

说说你是如何理解"想要品尝成功的甘甜,必须先自讨苦吃"这句话的。

其实,顺境和逆境对于人的作用,全在于人们适应这种境遇的态度和方式。如果一个人是坚强的,身处逆境也能成才;如果一个人是软弱的,身处逆境就可能被扼杀。同样道理,一个人虽身处顺境,如果他是清醒的、勤奋的,那么环境会帮助他成才;相反,如果对环境是依赖的、对自己是放任的,那么,顺境反而会贻害人才。可见,无论是顺境还是逆境,都有一个如何正确面对的问题。当我们身处顺境时要头脑清醒,不骄傲、不沾沾自喜,谨慎而又勤奋地利用顺境的有利条件,积极发展自己。当我们不幸身处逆境时,不埋怨、不心灰意冷,坚强而又平和地对待逆境的磨炼,以卧薪尝胆的精神克服困难,到达成功的彼岸。

 思考与练习

一、单项选择题

1. 在一起矿难中有60多名矿工被困井下,在生死关头,被困矿工勇敢自救,大家互相传递盛水的胶靴,你一口,我一口,谁也没有为水而争。这说明 （ ）
   A. 人的生存离不开自然界　　　　B. 人具有社会属性
   C. 自然属性和社会属性都是人的本质属性　　D. 人是受自然规律制约的

2. 人生的基本问题是 （ ）
   A. 人生目的　　　　　　　　　　B. 人生态度
   C. 个人和社会的关系　　　　　　D. 人生价值

3. 评价人生价值的标准在于 （ ）
   A. 个人的活动是否对自己有用　　B. 不能看动机,只能看结果
   C. 是否推动社会发展,符合人民利益　　D. 看个人行为的目的

4. 具有个人主义思想和集体主义思想的人,其最根本的区别是 （ ）
   A. 前者只考虑个人利益,后者不考虑个人利益
   B. 前者以个人为中心,后者以小团体为中心
   C. 前者把个人利益放在首位,后者把国家、集体利益放在首位
   D. 前者否认个人与集体的矛盾,后者承认个人与集体的矛盾

5. 对金钱的正确认识是 （ ）
   A. 它是人生幸福的重要条件　　　B. 它是人生的目的和意义
   C. 它是人生价值的根本标志　　　D. 它是人生的第一要义

二、多项选择题

1. 下面关于人的自然属性和人的社会属性的关系的认识正确的有 （ ）
   A. 人的自然属性只是人的社会属性的自然基础
   B. 人的社会属性制约着人的自然属性
   C. 人和动物有着本质的区别,自然属性是不存在的
   D. 人本质上就是动物,其本质就在于自然属性

2. 就个人活动与社会发展的关系来说,个人活动对社会发展具有一定的影响作用,但个人活动又受 （ ）
   A. 人的自身素质的制约　　　　　B. 一定社会条件的制约
   C. 自然规律的制约　　　　　　　D. 社会发展规律的制约

3. 下面关于人生价值的认识正确的有 （ ）
   A. 人生价值主要是指个人自我价值实现的程度
   B. 人生价值衡量标准是人的社会价值
   C. 人生价值是人的社会价值与自我价值的统一
   D. 人生价值就是指人的社会价值,与自我价值无关

4. 我国体育界有句名言:"把集体放在第一位,无名也有名;把个人放在第一位,有名

也无名。"这说明 ( )

A. 集体和个人的关系是并列的　　B. 集体和个人的关系是密切联系的
C. 没有个人就没有集体,个人比集体重要　　D. 个人和集体的关系是辩证统一的

5. 享乐主义人生观在"义"与"利"的关系上表现为 ( )

A. 为"私利"而忘"大义"　　B. 重义轻利
C. 义利兼顾　　D. 人生在世就在于得"利"

三、辨析题(判别正误并说明理由)

1. 人生价值既不在于贡献,也不在于索取,而在于内心的体验,无愧于心就是具有价值的人生。

2. 反对见利忘义不是绝对地只要"义"而不要"利"。

3. 一方面肯定个人利益,另一方面反对个人主义,这是自相矛盾的。

四、简述题

1. 为什么说人的本质属性是人的社会性?
2. 简述个人和社会的关系。
3. 为什么说人生的真正价值在于人的社会价值?
4. 简述拜金主义、享乐主义和实用主义的主要错误之处。
5. 如何正确处理集体利益和个人利益的关系?
6. 简述如何树立正确的义利观、苦乐观。

 探究与实践

青年学生是祖国未来的建设者,是中国特色社会主义事业的接班人。他们的思想道德状况如何,直接关系到中华民族的整体素质,关系到国家前途和民族命运。通过深入开展爱国主义、集体主义、社会主义和中华民族精神教育,大力加强公民道德教育,广泛开展精神文明创建活动和形式多样的社会实践、道德实践活动,广大青年学生的综合素质不断提高。热爱祖国、积极向上、团结友爱、文明礼貌是当代中国青年学生精神世界的主流。

但面对国际国内形势的深刻变化,青年学生的人生观也面临着严峻的挑战。西方不良思想文化的渗透,某些腐朽没落的生活方式对青年学生的影响不能低估。特别是当前社会一些领域道德失范、诚信缺失、假冒伪劣、欺骗欺诈活动有所蔓延;一些地方封建迷信、邪教和黄赌毒等社会丑恶现象沉渣泛起,成为社会公害;一些青年学生的价值观发生扭曲,拜金主义、享乐主义、极端个人主义滋长,以权谋私等消极腐败现象屡禁不止;等等,也给青年学生的成长带来不可忽视的负面影响。

请以小组为单位,通过走访、座谈、观察、问卷等方式,调查本校学生人生价值观的基本状况,并采用板报形式展示调查成果和对策建议。

第六章　追求人生理想的实现

有一年,一群意气风发的天之骄子从美国哈佛大学毕业了。他们的智力、学历、环境条件都相差无几。临出校门,哈佛大学对他们进行了一次关于人生目标的调查。结果是这样的:27%的人没有理想目标;60%的人有一定的理想目标;10%的人有清晰但比较短期的理想目标;3%的人具有清晰而长远的理想目标。25年后,哈佛大学再次对这群学生进行了调查。结果是这样的:有3%的人成为社会各界的成功人士;有10%的人成为各领域中上层的专业人士;有60%的处在中下层人,无特别成就;有27%的人生活不如意,常常抱怨社会。

上面的材料以准确的数字、确凿的事实告诉我们,树立远大的理想目标是何等的重要。青年朋友们,当你们在人生长河中扬帆远航的时候,千万不要忘记树立远大的理想。远大的理想是人的精神支柱和动力源泉,它可以不断地激发人的生命活力,使其永葆内在的青春。如果没有远大的理想,就不会有生活的信心、向上的动力,人就像没有灵魂的行尸走肉一样,只能浑浑噩噩、碌碌无为地度过一生。因此,我们要树立正确的人生理想,并为实现人生理想而不断奋斗。

第一节　理想及其作用

罗杰·罗尔斯是纽约历史上第一位黑人州长,他出生在纽约声名狼藉的大沙头贫民窟。在这儿出生的孩子,长大后很少有人获得较体面的工作。然而,罗杰·罗尔斯是个例外,他不仅考入了大学,而且成了州长。在他就职的记者招待会上,他对自己的奋斗史只字不提,他仅说了一个非常陌生的名字——皮尔·保罗。后来人们才知道,皮尔·保罗是他小学时的一位校长。

1961年,皮尔·保罗被聘为诺必塔小学的董事兼校长。当时正值美国嬉皮士流行的时代。他走进诺必塔小学的时候,发现这儿的穷孩子比"迷惘的一代"还要无所事事,他们旷课、斗殴,甚至砸烂教室的黑板。当罗杰·罗尔斯从窗台上跳下,伸着小手走向讲台时,皮尔·保罗说:"我一看你修长的小拇指,就知道将来你是纽约州的州长。"当时,罗杰·罗尔斯大吃一惊,因为长这么大,只有他奶奶让他振奋过一次,说他可以成为5吨重的小船的船长。这一次皮尔·保罗先生竟说他可以成为纽约州州长,着实出乎他的意料。他记下了这句话,并且相信了它。从那天起,纽约州州长就像一面旗帜在他的心头飘扬。他的衣服不再沾满泥土,他说话时也不再夹杂污言秽语,他开始挺直腰杆走路,他成了班主席。在以后的40多年间,他没有一天不按州长的身份要求自己。51岁那年,他真的成了州长。

在他的就职演说中,有这么一段话。他说,在这个世界上,理想这种东西任何人都可以免费获得,所以成功者最初都是从一个小小的理想信念开始的。

一、理想的含义

每一个人对自己的未来都有一个设想,换言之,每个人都有自己的奋斗目标,即理想。崇高的理想无论是对社会还是对个人都有重大的指导和促进作用。我们要实现人生价值,首先需要树立理想。

1. 理想的含义

"理想"一词,最初起源于希腊语"idea",是指人们在实践中形成的具有实现可能的对未来的一种追求,是人们的政治立场和世界观在奋斗目标上的集中体现。简言之,理想是人生的奋斗目标。

理想是人们希望达到的人生目标和追求向往的奋斗前景,是人们对未来的一种有可能实现的想象。但是,并不是任何想象都是理想。它既不同于幻想,也不同于空想和妄想。理想是一种正确的想象,具有不同于幻想、空想和妄想的突出特点。

第一,理想具有客观性。理想的客观性就是理想作为一种想象,正确地反映客观实际,正确地反映现实与未来的关系,合乎事物变化和发展的规律,经过努力是可以实现的。

第二,理想具有社会性。理想是人类特有的一种精神现象,理想具有鲜明的社会性。理想的社会性是指理想不是离开社会的、孤立的、个人的随意想象,而是由社会制约和决定的想象。

第三,理想具有阶级性。在阶级社会中,理想具有鲜明的阶级性。在阶级社会中,由于不同阶级的社会地位和经济利益的不同,追求的目标也就各不相同,所以,他们形成的理想也各不相同。由人们的阶级地位和阶级利益决定,人们的理想在阶级社会中必然带有阶级的烙印。

哲理故事

鸦片战争后,帝国主义掀起了侵略和瓜分中国的狂潮。侵略者强加给中国人民一副殖民主义的枷锁,使中华民族丧失了国家主权,丧失了领土完整,敞开了任人宰割与掠夺的大门。从此,中国由一个封建的主权国家,逐渐变成一个丧失自主地位的半殖民地半封建国家。

面对清朝政府的败落和西方列强的洋枪大炮,封建地主阶级中具有爱国思想,主张改良的政治家、思想家林则徐、魏源等人,提出"外抗强敌、内求变革"的思想,力求"师夷长技以制夷"。

林则徐是近代中国"睁眼看世界的第一人"。在广州领导禁烟运动中,他十分注意了解和研究英军的情况,以求知己知彼。他不但组织人员翻译外国报纸和书籍,还翻译了关于大炮瞄准法的技巧书籍。同时,他还亲自同外国人接触,询问英军海军情况和英军汽船的功能。在了解西方的基础上,林则徐提出"师夷长技"的主张,主要是学习西方制造枪炮的技术。林则徐矢志做一个拯救社会、匡时救世的良吏能臣。他想用他的智慧、精明、忠心挽救那个将要垮掉的清政府。但是,他却遭到极不公正的待遇,这个禁烟有功的民族英雄竟被道光皇帝以"误国病民"之罪革职充军。

林则徐、魏源等人的救国方案,开阔了人们的视野,开创了各界爱国仁人志士探求救国之路的先河,启迪和鼓舞了后来的维新运动。但是,由于他们本身是封建官吏,维护清朝的统治、忠于清朝皇帝始终是其政治立场。他们只是幻想统治者能够改弦更张,有所作为,以便重振国威,没有也不可能提出改变封建制度的主张。这实际上就是理想的社会性和阶级性的表现。

2. 理想的内容

理想从内容上说,主要包括生活理想、职业理想、道德理想、社会理想。

生活理想是人们对未来生活的追求和向往。既包括对于吃、穿、住等物质生活的追求和向往,也包括对文化娱乐等精神生活的追求和向往,还包括对婚姻、家庭生活的追求和向往。

职业理想是个人对未来职业的向往和追求,既包括对将来所从事的职业种类和职业方向的追求,也包括对事业成就的追求。作为理想的重要组成部分的职业理想,影响和制约着生活理想、道德理想等其他理想的实现。它体现了人们的职业价值观,直接指导着人们的职业行为。

道德理想是人们对做人标准和道德境界的向往和追求。人只有不断追求和完善人格,才能展现出主体生命的智慧和光华;只有努力创造和完善人生,才能使人生更加璀璨和绚丽辉煌;只有实现了人格的完善和人生的完满,才能真正获得生活的幸福和快乐,才能使人生获得永恒的价值,从而实现主体价值的超越,成为自由而全面发展的人。

社会理想是人们对未来社会的设想,包括对未来社会的政治制度、经济制度、科学文化制度、社会面貌等的预见和设想。

"我想自己有一辆跑车。""我决心做好本职工作,当一名出色的技术工作人员。""我要做一个正直、不趋炎附势的人。""我要为中国的强大而努力奋斗。"

这些想法分别属于什么理想?

我们常说"人应该有远大的理想",这首先是指要有远大的社会理想,其次是指要有在远大的社会理想指引下的生活、职业、道德等方面的积极向上的个人理想。如果我们仅仅把个人的生活、职业、道德理想作为终极目标去追求,而没有树立更高层次的社会理想,那么,个人对社会的贡献是很有限的,人生价值的实现也就没有了基础。

理想有科学的和不科学的区分,同样也存在着崇高和庸俗的区别。凡是符合事物发展规律的理想就是科学的,反之就是不科学的。崇高的理想是从他人、集体、社会和国家的前途出发的理想;而庸俗的理想是从个人或小家庭的狭隘利益出发,甚至为了达到个人目的不惜损害他人、社会、国家利益的理想。可见,社会理想是其他理想的前提和基础,决定和影响着它们的发展和实现程度。它既贯穿于其他理想之中,又是一个人全部理想的归宿。

二、理想的作用

1. 理想是人生前进的方向

理想是一面旗帜,引导着人们前进和奋斗的方向。它是人们努力的目标,也是对人们的鞭策。法国科学家巴斯德说过:"立志是一件很重要的事情。工作随着志向走,成功随着工作来,这是一定的规律。"他还说:"立志、工作、成功,是人类活动的三大要素。立志是人类活动的大门,工作是登堂入室的旅程,这旅程的尽头就有成功在等待,来庆祝你努力的结果。"无数的事实证明,凡是有作为的人,无不重视"立志",也就是树立远大的理想。一个人树立了科学而远大的理想,在人生的旅途中就有了坚定正确的方向,就能把个人的前途和国家的前途、人民的命运结合在一起,在实现既定目标的过程中不断开拓前进。

哲理故事

1947年,刚刚36岁的中国科学家钱学森被美国麻省理工学院聘为终身教授。这是一个很高的荣誉,它预示着钱学森的优厚待遇和远大前程。美国为什么如此器重钱学森呢? 因为他是美国研究航空科学最高专家冯·卡门的优秀学生,是美国最早研究火箭的组织——加州理工学院火箭研究小组的五成员之一,并显露出卓越的才能。

然而,当钱学森得知中华人民共和国成立的消息后,这个每时每刻都在想念祖国的科学家,顿时沉浸在极大的喜悦之中。钱学森在美国已经生活了十多年,金钱、地位、声誉都有了。可他想:我是中国人,我的根在中国。我可以放弃在美国的一切,但不能放弃祖国。我应该早日回到祖国去,为建设新中国贡献自己的全部力量! 他还对中国留学生说:"祖国已经解放了,国家急需建设人才,我们要赶快把学到的知识用到祖国的建设中去。"

钱学森准备返回中国的决定,引起美国有关方面的恐慌。他们认为,钱学森的专业技术如果带回去,中国的科学技术将快速前进。美国海军的一位领导人曾对美国负责出境的官员说:"我宁可把钱学森枪毙了,也不让他离开美国!""钱学森至少值5个师的兵力。"钱学森的回国计划受到严重的阻挠。几天之后,钱学森突然被逮捕,关押在一个海岛的拘留所里,受到无休止的折磨。在正直人士的强烈抗议下,美国特务机关被迫释放了他。可对钱学森的迫害并没有停止,他们限制他的行动,监视和检查他的信件、电话等。尽管有种种限制,但钱学森没有屈服。他不断地提出严正要求:坚决离开美国,回中国去!

5年过去了。钱学森争取回国的斗争得到世界各国主持正义的人们的支持,更得到了中国政府的极大关怀。1955年8月,这场外交斗争终于取得了胜利,美国政府被迫同意钱学森返回中国。到达北京的第二天清晨,钱学森就和妻子带着两个孩子来到天安门广场。他激动地说:"我相信我一定能回到祖国。现在,我终于回来了!"冲破重重阻拦而回国的钱学森,一头扎进了军事科学的研究中。他倾其所学,又密切关注国外的科学动态,不断推出科研新成果,为祖国的国防事业竭思尽智,做出了巨大的贡献,被誉为"导弹之父",获得"两弹一星功勋奖章"和"国家杰出贡献科学家"荣誉称号,国务院授予他"全国劳动模范"的光荣称号。

2008年1月19日,中共中央总书记、国家主席、中央军委主席胡锦涛来到钱学森家中,看望这位享誉世界的杰出科学家、我国航天事业的重要奠基人。总书记对钱学森说:"当前,全党全国各族人民正在党的十七大精神指引下,满怀信心地为夺取全面建设小康社会的新胜利而奋斗。钱老,请您放心,您毕生追求的国家富强、民族振兴、人民幸福、社会和谐的理想一定会实现。"

2. 理想是人生前进的动力

理想源于现实,又高于现实,比现实更美好。人们为了把美好的未来变为现实,势必要克服重重困难和阻力,而促使人们坚持到底的力量之源正是理想。理想是一种极为强大的精神力量,推动着人们不断前进。无数事实证明:一个人有了正确的、远大的理想信念,他就会矢志不渝,顽强拼搏,直至目标实现。

哲理故事

我国著名桥梁专家茅以升,在少年时期就树立了终身为人民造桥的职业理想。1907年端午节那天,按照中国古老的民俗,很多地方都要举行赛龙舟的活动来纪念爱国诗人屈原。在南京江边观看赛龙舟的人越来越多,结果竟把秦淮河上的文德桥挤塌了,死伤了很多人,成为当时震惊中外的一大悲惨事件。正值少年时期的茅以升,见到这个情景无限感慨地说:"要是我长大后能为人们制造结实的大桥多好啊!"他立志在桥梁建造方面有所贡献。

从此以后,他就为这一理想的实现,克服各种困难,发奋求学。他从小就处处留心桥,观察桥,15岁时以优异的成绩考入唐山路矿学堂学习。5年里,他记录了200本笔记,约900万字,摞在一起足有一人多高。正是这种对桥梁事业的不懈追求,推动着茅以升职业成就的发展。1937年,他主持设计和建造了中国桥梁史上第一座现代化大桥——钱塘江铁路公路两用桥。50年代,又主持设计和建造了闻名世界的武汉长江大桥。他在自己的职业理想的推动下,成为名垂千古的桥梁专家,获得了事业的巨大成功。

茅以升在求学阶段还风趣地借用他所钟爱的桥,来反映他的人生态度。"人生一征途耳,其长百年,我已走十之七八。回首前尘,历历在目,崎岖多于平坦,忽深谷,忽洪涛,幸赖桥梁以渡,桥何名欤?曰奋斗。"

3. 理想是人生的精神支柱

人们的生活可以分为物质生活和精神生活两个方面。物质生活对人的生存固然重要,但健康充实的精神生活同样必不可少,而理想便是精神生活的支柱。一个人的躯体如果没有脊柱的支撑就会瘫痪,同样,一个人的精神生活如果没有理想的支撑就会空虚、崩溃。一个人有理想这个精神支柱,就可以使人生更充实,能够在顺境中不骄不躁,在逆境中乐观向上,勇往直前。

 阅读思考

"我将扼住命运的咽喉,它决不能使我完全屈服。"这是贝多芬在耳聋之后立下的铿锵有力的誓言。这誓言激励着他产生一种坚如磐石的意志和毅力。贝多芬是德国人,自幼喜欢音乐。由于他勤奋好学,年轻时便得到海顿、莫扎特等音乐大师的赏识,崭露头角。正当他处于创作高峰的时候,听觉开始衰退。耳聋对于音乐家而言无疑是致命的打击。他心痛欲绝,抱怨生活的不平、命运的残酷,陷入了绝望之中,但对艺术的热爱,使他发出了对命运挑战的吼声。他坚持创作,听不见琴声,他就咬住一根木棒顶端,将另一端插在钢琴的共鸣箱内借以听音。闻名于世的《第九交响曲》就是这样创作出来的。人们赞颂贝多芬,不仅因为他在音乐上有辉煌的成就,还因为他具有与厄运搏斗的顽强的意志。

梁启超说:"人生所经历的道路,大致不顺利的境遇占十分之六七,顺利的境遇也就占十分之三四,而且这两种境遇又常常相互交替和不断轮换。无论事情大小,必然会遇到若干次乃至十几次的波折和阻力,这些波折和阻力,曾经有的大有的小,但重要的一点,都是不能逃避的。"

美国第28任总统伍德罗·威尔逊曾经说过:"我们依靠梦想成长。所有的伟人都爱做梦,有些人让自己的梦想死亡,而另一些人滋养并保护着自己的梦想,即使在环境恶劣的时候也悉心照料它们,直到阳光和光明重又出现。"

结合事例,说说你对梁启超和德罗·威尔逊的话是如何理解的。

青年处在人生的起步阶段,对未来的生活充满希望和憧憬。科学的理想无疑是人们手中挥洒人生画卷的画笔,若缺少了它,那么我们的人生也许将是一片空白。

第二节　为实现人生理想而奋斗

理想之所以吸引人,是它蕴含有成功的光环。如果把现实比作此岸,把理想比作彼岸,那么,实践就是连接现实和理想的桥梁。要达到成功的彼岸,最重要的是实践,是为实现自己的理想而奋斗、而努力。就像《我的未来不是梦》中所吟唱的那样:"我知道我的未来不是梦,我认真地过每一分钟,我的未来不是梦,我的心跟着希望在动,跟着希望在动。"的确,善于实现理想的人,总是能把理想和现实之间的差距变作一个个阶梯,并自觉顺应社会发展的需要,通过自己的努力,不断地改变着自己的现实。每跨上一个阶梯,就离自己的理想近一步,最终,就能达到成功的彼岸。

一、正确处理理想与现实的关系

1. 理想与现实的关系

理想源于现实,是社会存在的反映,但又高于现实,是现实的发展方向。理想是人们在现实的基础上给自己规划的未来的美好远景。人生不能没有理想,而又不得不面对现实。理想和现实始终是一对矛盾,它们之间是对立统一的关系。

理想和现实又是相互联系的。理想源于现实,现实是理想的基础。理想离开了现实,就会成为无源之水、无本之木,就会变成空想。

理想与现实又是相互区别的。理想不等于现实,理想是对现实的一种合乎规律的超越,是人们的追求目标。一旦理想实现了,理想就变成了现实,新的、更高层次的理想又会产生,人们将为更高的理想的实现而奋斗。

哲理故事

登上美丽的月球一直是人们的理想。从东方传说中的嫦娥奔月,到如今的九天揽月,人类从来没有停止对月球的向往。

在古代,由于科学技术比较落后,登月只能是一种心中期盼和遥远的愿望,其实现的可能非常渺茫。公元14世纪的明王朝,一位名叫万户的官员,在一把椅子上绑了47支火箭,椅子两侧安装了两个自制大风筝。然后坐在上面,并命仆人点燃火箭。随着火箭的轰鸣,这位世界上第一个利用火箭飞行的人就消失在火焰中了。20世纪70年代,国际天文联合会将月球背面一座环形山命名为"Wan Hoo",以纪念这位勇敢的探索者。

1969年7月16日,美国人成功发射了载人登月的阿波罗11号,人类首次登月行动开始了。全世界数亿人围坐电视机前观看了这一属于全人类的时刻:阿姆斯特朗首先爬出舱门,面对荒凉、神秘的月球,先用左脚小心翼翼地触及月面,而右脚还停留在登月舱上,当发现左脚陷入月面很少后,才鼓起勇气将右脚也踩上月面。随后留下了一句至今铿锵的话:对一个人来说这是一小步,但对人类来说却是一个飞跃!

自此,人类登月的理想终于实现了,从"万户升天"到"阿波罗登月",这期间用了6个世纪。但人类探索太空的理想并未终止,火星也许是下一个人类访问的星球。

2. 正确处理理想和现实的关系

第一,在确立自己的理想时,不能脱离当前的现实。虽然,理想只是对未来的一种设想和追求,但也不能盲目地去设想,应该从社会发展的需要和自身实际出发确立理想。

一方面,理想应该顺应时代发展的潮流,符合社会发展的方向,所谓"志当存高远"就是这个意思。只有这样,理想才有了它值得追求的价值,理想才有了催人奋进的强大动力。宋朝著名诗人王安石有诗云:"不畏浮云遮望眼,只缘身在最高层。"这也道出了所有的立志者应有居高寄远的精神境界,才能窥破"浮云",永远不丢失进取的伟大目标。个人理想只有同国家的前途、民族的命运相结合,个人的追求只有同社会的需要和人民的利益相一致,才是有意义的。

另一方面,理想还应建立在对自己的素质、性格、特长、能力和潜力等方面全面而客观地分析的基础上,才能树立可能实现的理想,树立从现实出发的理想。否则,再有豪情壮志,也只会在东碰西撞中磨蚀自身的锐气和人生的激情,使理想终成空想。

阅读思考

爱因斯坦是从现实出发树立理想的典范。他在16岁的时候,在一篇作文中曾谈到他的理想是到苏黎世的联邦工艺学院学习数学和物理,立志要成为一名自然科学理论学科的教授。为什么做这样的选择呢?他说道:"本人爱好抽象思维和数学思维,缺乏想象力和对付实际的才能。再说,我有自己的愿望,它们激发我做出同样的决定,加强了我的毅力。这是很自然的,因为一个人总喜欢从事一些他有能力干的事情。另外,科学家工作还有一定的独立性,这点使我很喜欢。"爱因斯坦的一生正是循着这一理想之路,一步一个脚印地走了下来,终于取得了巨大的成功。

请联系事例谈谈从自身实际出发树立理想的重要性。

第二,正确面对现实。理想是美好的,现实总是有缺陷的。但正是因为理想和现实之间有差距,所以我们才要不断追求,改变现实生活中不尽如人意的地方。正确面对现实同样要做到:

一方面,不因现实和理想的差距较大而抛弃自己的理想。有些人谈到理想,总是热情似火,而一旦论及现实,就满腹抱怨。的确,社会生活中是有一些假、丑、恶的现象和不尽如人意的地方,但不能因此就全盘否定现实,并产生消极悲观的情绪。其实,现实中的缺憾恰恰体现了理想所具有的价值。

另一方面,要认识到实现理想的过程是在现实基础上的实践,具有长期性、艰巨性和曲折性。理想变为现实不是一朝一夕的事情,不可能一帆风顺,往往会遭受挫折和困难。因此,要正确估计理想实现的艰难,不断磨炼自己坚韧不拔的毅力。同时,实现理想的关键还在于脚踏实地地艰苦奋斗。

哲理故事

豫、晋、冀三省交会处的林县是个土薄石厚、水源奇缺的贫困山区。"水缺贵如油,十年九不收,豪门逼租债,穷人日夜愁"是旧社会林县的真实写照。林县人民盼水盼到啥程度呢?给孩子起名都要带水字,叫金水、银水、甜水……没有这个水字也要用一个带三点水的字。因此,中华人民共和国成立后解决水的问题成为林县人民共同的愿望和理想。

然而,要实现这一理想并不容易。在林县的北部,有一条漳河,水量比较丰富,但崇山峻岭的阻隔让林县人世代守着漳河种旱地。"引漳入林"意味着在悬崖峭壁上修渠,而且渠长1 500多公里。工程的艰险超出人们的想象。

但林县人民从1960年开始,用自己勤劳的双手,在巍巍太行山上,逢山凿洞,遇沟架桥,一锤一钎,坚持苦干十年,削平了1 250座山头,凿通了211个隧洞,架设了152座渡槽,建成了盘绕峰峦叠嶂的太行山腰,悬崖绝壁之上长达1 500公里的引水灌溉工程——红旗渠。

为了修渠,买不起TNT炸药的他们采用粗糠、牛粪、锯末,配上硝酸铵,自己造炸药;为了修渠,他们用木头架子搭起来,自己造土吊车,吊起几百斤的石头搬到40多米高的地方;为了修渠,他们冒着生命危险,用粗绳绑在腰间挂在悬崖上打炮眼;为了修渠,孩子们上下学背着书包还搬块石头为垒渠备料……

红旗渠不仅是林县人民勤劳与智慧的结晶,更是林县人民艰苦奋斗,一步一步实现理想的伟大实践。它不仅是一笔巨大的物质财富,而且是一笔巨大的精神财富!

脱离现实的理想是空想,不付诸行动的理想则是幻想。设定了理想目标,但仅仅是将理想束之高阁,而不去行动,理想永远不会变成现实;如果在实现目标的过程中遇到一点阻碍就灰心丧气,也永远不能达到理想的彼岸。千里之行,始于足下。成功只是属于那些既有远大抱负同时又能脚踏实地付诸行动、坚持不懈的人!

二、在中华民族伟大复兴中实现理想

志向是青春的火焰,是生命的动力。志向如太阳,唯其大,才有永不枯竭的热能;志向如灯塔,唯其高,才能照亮前进的航向。有志者,有大志者,人生才能辉煌。所谓大志,就是以国家民族的命运为己任,而不是以个人的荣华富贵为追求。因此,当代青年应该自觉地胸怀祖国,服务人民,在中华民族伟大复兴的历史洪流中实现自己的理想。

1. 最高理想与共同理想

所谓最高理想,就是以实现共产主义社会制度为基本内容的奋斗目标。这是共产党人的最高理想,也是我国社会发展的目标。它是由无产阶级的革命导师马克思和恩格斯,通过批判地吸收空想社会主义的思想成果,运用辩证唯物主义和历史唯物主义的科学世界观分析社会发展的客观规律,认真总结工人运动的实践经验,而提出的一种光辉的社会理想。

 资料卡片

共产主义社会是人类历史上最理想的社会制度。社会主义社会必然代替资本主义社会,最后必然发展为共产主义社会,是社会发展的客观规律和必然趋势。马克思、恩格斯认为,共产主义社会形态,按其成熟程度,可分为低级阶段和高级阶段,通常分别称为社会主义社会和共产主义社会。关于共产主义社会,综合他们的观点,共产主义社会有以下基本特征:

第一,社会生产力高度发展,物质财富极大丰富。在共产主义社会里,由于生产力的极大发展和劳动生产率的提高,物质财富不断涌流,社会产品极大丰富,达到可以满足整个社会及其成员需要的程度。

第二,社会成员共同占有全部生产资料。在共产主义社会里,生产资料的占有关系彻底摆脱了私有制的束缚。生产资料和劳动产品归全社会公共所有,劳动者本身既是劳动者,又是生产资料的共同占有者。

第三,实行各尽所能、按需分配的原则。社会成员将尽自己的能力,最大限度地参与社会劳动和工作,社会将根据每个成员的实际生活需要,分配个人消费品。消除了社会主义时期实行"按劳分配"存在着的某些事实上的不平等现象。

第四,彻底消灭了阶级差别和重大社会差别。在共产主义社会里,由于生产力的高度发展,产生剥削阶级的社会条件不复存在,阶级和阶级差别都将消灭,城乡之间、工农之间、脑力劳动与体力劳动之间的差别也将消失。

第五,全体社会成员具有高度的共产主义觉悟和道德品质。在共产主义社会里,劳动已经不是谋生的手段,而是人们生活的第一需要。劳动者的科学知识、专业知识和道德品质水平高,在体力、智力等方面得到自由而全面的发展,成为共产主义新人。

第六,国家消亡。随着阶级和阶级差别的彻底消灭,作为阶级统治工具的国家将完全消亡。那时,管理公共事务的机构虽然存在,但它的社会职能已经失去其阶级性质。

共产主义理想是我们的最高理想,要经过一个很长的历史过程和若干发展阶段,通过全人类的共同奋斗才能实现。当前,我国还处在社会主义初级阶段,在这个阶段里我国各族人民具有一个共同的理想。这个共同理想,就是建设中国特色社会主义,把我国建设成为富强、民主、文明、和谐、美丽的社会主义现代化强国,实现中华民族的伟大复兴。

资料卡片

为了实现这个共同理想,我们党提出了三步走战略:第一步从1981年到1990年国民生产总值翻一番,解决人民的温饱问题;第二步从1991年到20世纪末,国民生产总值再翻一番,人民生活达到小康水平;第三步到21世纪中叶,人均国民生产总值达到中等发达国家水平,人民生活比较富裕,基本实现现代化。跨入新世纪,我国已经实现了第二步目标,正向着第三步进发。

党的十五大又将第三步目标进一步具体化,21世纪第一个十年即到2010年,实现国

民生产总值比2000年翻一番,使人民的小康生活更加富裕,形成比较完善的社会主义市场经济体制;到2020年,国民经济更加发展,各项制度要更加完善;到世纪中叶要基本实现现代化;党的十六大提出国民生产总值到2020年比2000年力争翻两番,综合国力和国际竞争力明显增强;党的十七大提出了全面建设小康社会的五个方面的新要求;党的十八大更明确地提出了全面建成小康社会的五个方面的新目标,即

——第一个阶段,从2020年到2035年,在全面建成小康社会的基础上,再奋斗15年,基本实现社会主义现代化。到那时,我国经济实力、科技实力将大幅跃升,跻身创新型国家前列;人民平等参与、平等发展权利得到充分保障,法治国家、法治政府、法治社会基本建成,各方面制度更加完善,国家治理体系和治理能力现代化基本实现;社会文明程度达到新的高度,国家文化软实力显著增强,中华文化影响更加广泛深入;人民生活更为宽裕,中等收入群体比例明显提高,城乡区域发展差距和居民生活水平差距显著缩小,基本公共服务均等化基本实现,全体人民共同富裕迈出坚实步伐;现代社会治理格局基本形成,社会充满活力又和谐有序;生态环境根本好转,美丽中国目标基本实现。

——第二个阶段,从2035年到本世纪中叶,在基本实现现代化的基础上,再奋斗15年,把我国建成富强民主文明和谐美丽的社会主义现代化强国。到那时,我国物质文明、政治文明、精神文明、社会文明、生态文明将全面提升,实现国家治理体系和治理能力现代化,成为综合国力和国际影响力领先的国家,全体人民共同富裕基本实现,我国人民将享有更加幸福安康的生活,中华民族将以更加昂扬的姿态屹立于世界民族之林。

从"解决温饱"到"小康水平",从"总体小康"到"全面小康",从"全面建设"到"全面建成",从"决胜全面建成小康社会"到"基本实现现代化",再到"全面建成社会主义现代化强国",小康社会奋斗目标的提出、发展和完善,标志着我们不断向着"实现全体人民共同富裕,建成富强民主文明和谐美丽的社会主义现代化强国"的共同理想而前进。

最高理想与共同理想既相互区别,又相互联系,二者是辩证统一的关系。

首先,共同理想是实现最高理想的必经阶段和必要基础。最高理想和共同理想,都是以马克思主义的科学理论为指南的,它们的实现都离不开共产党的领导,就是说它们同属于一个思想体系。但共同理想是在共产主义大目标下的社会发展现阶段中的奋斗目标。实现共产主义理想是一个漫长的发展过程,必然经过许多不尽相同的发展阶段,每一个阶段都会有特定的奋斗目标,又都是为共产主义这个总目标服务的。为实现现阶段的共同理想而奋斗,也就是为实现共产主义理想而奋斗的具体表现。实际上,只有实现了共同理想,才能更充分显示出社会主义的优越性,才能壮大社会主义物质的和精神的实力,即为共产主义准备物质条件和思想条件。最高理想的实现,离不开共同理想的实现所创造的条件。没有各个阶段上特定目标和具体任务的完成,实现共产主义最高理想只能是一句空话。因此,我们现阶段为建设中国特色社会主义而奋斗,也就是为实现共产主义而奋斗。

其次,实现共同理想,必须坚持以最高理想为根本方向。我们建立社会主义市场经济体制,集中精力发展生产力,大力加强社会主义精神文明建设和政治文明建设,构建社会主义和谐社会,目的是为了不断完善社会主义,并为共产主义提供强大的物质基础、精神条件、政治保障和有利的社会条件。我们建设中国特色社会主义,为实现共同理想而奋

斗，绝不能离开共产主义这个根本方向，而应朝着共产主义这个大目标前进。只要坚持这个大方向，并脚踏实地为实现现阶段的共同理想而奋斗，我们就能一步一步地向共产主义理想靠近。

2. 在中华民族的伟大复兴中实现人生理想

当前，我国已经进入全面建设小康社会的新的发展阶段。经过这个阶段的建设，我国的经济将更加发展，民主将更加健全，科教将更加进步，文化将更加繁荣，社会将更加和谐，人民生活将更加殷实，从而到21世纪中叶基本实现现代化，把我国建设成为富强、民主、文明、和谐的社会主义国家，实现中华民族的伟大复兴。这是几代中华儿女的雄心壮志，同时也是当代青年所肩负的历史责任。

实现共同理想的历史重任落在了当代青年身上，这也正是我们青年一代实现人生价值的大好时机。我们树立人生理想，为之奋斗，也就是在为共同理想的实现贡献力量，同时也就是在追求最高理想。而共同理想的实现则会为我们人生理想的实现提供更好的社会环境和外部支持，这两者是辩证统一、相辅相成的。青年学生应该为中华民族的伟大复兴贡献青春，奉献才智，努力实现自己的人生理想。为此，我们要自觉做到：

第一，胸怀祖国，牢固树立振兴中华的雄心壮志。近代以来，在伟大的爱国主义精神感召和激励下，一代又一代中华儿女为实现振兴中华这个共同理想，上下求索，不懈奋斗。今天，历史的接力棒传到了当代青年手中。每一位有志青年，无论身在何处，无论在什么岗位，都应当心系祖国，心系民族，自觉地把个人的抱负同全民族的共同理想统一起来，把个人的奋斗融汇到振兴中华的历史洪流中去，这样才能获得强大而持久的前进动力，才能在服务祖国和人民中实现自己最大的人生价值。

哲理故事

徐本禹，一个普通的大学毕业生，因他在贵州贫困山村义务支教的义举而感动了所有的中华儿女。

徐本禹来自山东聊城一个贫困的农村家庭。1999年初秋，当他揣着大学录取通知书来到车水马龙、高楼林立的武汉，走进梦寐以求的大学校园时，心里是忐忑的、茫然的。他知道知识可以改变贫穷，却不知道自己是否能够念完大学。徐本禹在大学的四年中，通过学校提供的勤工助学岗位、困

难补助、特困生奖学金和国家奖学金，得到上万元的资助，此外还得到老师、同学和社会上好心人的资助。这些爱的甘露滋养了徐本禹的心灵。

2002年6月，徐本禹同另外四个同学组成了赴贵州社会实践小分队，到达狗吊岩村。当地落后的经济状况深深震撼了徐本禹。不少农户辛勤劳作一年，收获只够吃半年，无力

供孩子上学念书。最让徐本禹受不了的是课堂上孩子们的眼神。那眼神中充满了对知识的渴望和对外面精彩世界的憧憬。20多天的社会实践一晃就结束了,徐本禹要回校继续他的学习,孩子们一直把他送到十几里外,每个孩子都流下了眼泪,不停地问:"徐老师,你还会回来吗?"徐本禹也忍不住流下了眼泪,面对孩子们的眼神,他感到自己有一种无法回避的责任。他大声地告诉他们:"明年我毕业了一定回来教你们!"

2003年7月17日,徐本禹放弃了研究生学习,如约来到孩子们的身边。支教工作远比他预计的困难,艰苦的生活环境、内心的孤独和寂寞真正令他痛苦万分。在精神和物质双重匮乏的山村,他更多的时候感到自己是在挣扎。但责任和理想支撑着他,他相信自己工作的价值,他知道这里太需要他了。

2005年8月8日,徐本禹的支教生活正式结束。这一天,孩子们流着眼泪,唱歌送别徐老师。"我走之前,学生把亲手采摘的野花送给了我,很多很多,我抱也没有抱完。"支教虽然结束了,但把志愿服务作为终身事业,把志愿精神作为生活习惯,早已成为徐本禹的座右铭。2007年1月,徐本禹再次踏上志愿服务的征程,作为中国青年志愿者赴津巴布韦进行为期一年的志愿服务。2008年8月,徐本禹成为北京奥运会赛会志愿者。

如今作为湖北省团省委学校部副部长的他,仍坚持把每年工资的10%捐出来用于助学扶贫。他对自己的志愿服务事业有三个规划:一是把周末义工队伍固定下来,把志愿服务常态化落到实处;二是重新联络华中农业大学红杜鹃爱心社的已毕业社友,发起新的助学活动;三是以实际行动感染更多爱心企业家,使他们加入志愿扶贫的行列中来。

"我愿做一滴水/我知道我很微小/当爱的阳光照射到我身上的时候/愿意无保留地反射给别人。"徐本禹无愧当选为感动中国年度人物。

第二,勤奋学习,掌握奉献社会的过硬本领。青年学生要珍惜美好的青春年华,树立只争朝夕的紧迫感,勤于学习,敏于求知,不断充实和提高自己,不断钻研专业知识和岗位技能,不断扩大知识面,优化知识结构。在学习书本知识的同时,自觉向实践学习,向人民群众学习,从亿万人民创造历史的伟大实践中汲取营养、增长才干。

第三,注重修养,努力追求高尚的精神境界。当前,广大青年学生尤其要进一步强化责任意识和奉献精神,在行使个人权利的时候,一定要尽到对国家和人民应尽的责任与义务,识大体,顾大局;在对待个人利益的时候,一定要把国家和人民的利益放在首位,关心集体,热心公益,为人民、为社会多做好事。

只有把对自我价值的追求与祖国的命运紧密地联系在一起,与中华民族的伟大复兴紧密地联系在一起,为祖国和人民做出自己应有的贡献,才能真正实现自己的人生理想。这样的青春才是无愧于祖国和人民的青春,才是永恒的青春。

3. 树立正确的职业理想

社会共同理想需要通过个人理想加以具体化并付诸实践,每一个人在服从社会需要的前提下,都应有自己的个人理想,有自己的奋斗目标,并发挥自己的主观能动性,努力实现它,这样社会共同理想才能真正落到实处。社会共同理想的实现,要靠千百万人的共同努力,没有每一个人具体实践活动的积累,社会共同理想是不可能实现的。所以,要求每个人要按社会理想的要求确立起个人的具体理想,使两者尽可能一致,最大限度地发挥每个人的专长,调动每个人的积极性和创造性。

树立正确的职业理想有助于人们把个人理想与社会理想结合起来,为实现共同理想而奋斗。社会理想决定或制约职业理想,而职业理想则从不同的方面直接或间接地体现着社会理想。因此,在现阶段只有树立起为建设中国特色社会主义的共同理想而奋斗的职业理想,才是正确的,并且是能够实现的。

职业理想是人生理想的重要内容。从人生理想的内容来说,职业理想为社会理想、生活理想、道德理想的实现提供了物质前提和基础,具有十分重要的现实意义。所谓职业理想,就是个人对未来职业的向往和追求,既包括对将来所从事的职业种类和职业方向的追求,也包括对事业成就的追求。青年时期是学生的世界观、人生观形成的关键时期,也是我们的职业理想孕育的关键时期。

一般来说,个人职业选择的出发点存在三种情况:一是维持生活,即工作是为了赚钱,维持自己和家庭的生存。这是职业理想的最低层次,也就是为生存而工作。二是发展个性,即要求从事适合于个人能力和兴趣的工作,以充分发挥专长和提高个人素质。这是职业理想的中间层次。三是承担社会义务,即把个人的职业选择同社会的整体利益统一起来。这是职业理想的最高层次。所以,个人在树立职业理想时,应认识到必须从社会整体利益出发,提高为社会需要而选择职业的自觉性。只有这样,才能从社会的发展中不断得到个人物质和精神文化需要的满足,个性才能得到全面发展。

哲理故事

邓建军来自华罗庚的故乡江苏金坛。1988年,邓建军从常州市轻工业学校中专毕业,成为"黑牡丹"一名普通的技术工人。那时的纺织企业正在告别传统的金梭银梭,运用高新技术重新武装,特别缺少机电一体化的技术工人。面对全新的未知世界,初出茅庐的邓建军十分兴奋,甚至有几分窃喜:他一向喜欢新生事物,喜欢接受挑战。

公司第一次引进纺纱设备时,外方人员来厂安装调试。邓建军遇到问题,向外方人员索要操作手册,对方不屑一顾地瞥了一眼,居然拒绝提供。洋专家的傲慢和轻视深深刺痛了邓建军。落后就要挨打,技术上同样如此。他在入党申请书上写下了铮铮誓言:"自身价值的实现总是和企业、国家联系在一起的,我要学习科学文化知识,提高自己的业务素质,赶超世界先进水平。"他要为中国工人做出证明。

1993年以来,邓建军带领小组成员日夜奋战,先后对染浆联合机进行了4次改造,解决了连续生产不用停车这一难题,仅此一项为企业创造经济效益3 000多万元。经过改造后的设备,比同类进口设备更具可操作性,部分功能更优。

一次,日本某国际著名公司代表到"黑牡丹"洽谈业务,忽然发现了新大陆。从该公司进口的络筒机,在邓建军及其同伴的维护保养下,工作了6年,居然运行状况十分理想。按照设计,运行5年后,机器便会毛病百出。日本人深感意外,为了表达敬意,他们特别向公司赠送了价值2万元的络筒机零部件,一位日本人风趣地形容:我们见识到了"中国功夫"。

1997年,公司进口的德国气流纺纱机的中枢系统——变频器烧坏,急需更换。这种变频器价格高达9万元,不仅如此,德方在中国的技术服务中心还无现货供应,订货周期长达两个月。这么长的时间,无疑将给公司带来难以估算的经济损失。时不我待,邓建军毅然采用其他器件替代。仅花两天半时间,机器正常运转了。消息传到德国,对方全然不信,派人专程飞来"黑牡丹",亲眼看见之后,德国专家跷起了大拇指:"上帝的杰作!中国工人了不起……"

邓建军以其突出的职业成就被誉为"知识型产业工人"。

每一个职业院校的学生,都想在自己的一生中做出一些成绩,成就一番事业。然而自己的立足点在哪里呢?事业之路的起点,就在各行各业的工作岗位上。所谓三百六十行,行行出状元。只要我们把立足点放在本职工作上,不断追求,肯定能取得一番事业上的成就。因此,我们应该热爱自己所学的专业,勤奋学习,打下扎实的文化、专业知识基础,掌握专业技能。只有这样,才能在未来的职业生活中创造出不平凡的业绩来。

思考与练习

一、单项选择题

1. 理想作为一种社会意识,它是 （　　）
   A. 人们对未来生活的向往
   B. 一定社会的经济关系和其他社会条件的产物
   C. 阶级矛盾和斗争状况的反映
   D. 人们头脑中主观自生的

2. "理想是石,敲出星星之火;理想是火,点燃希望之灯;理想是灯,照亮前进之路。"这句话说明了 （　　）
   A. 理想来源于昨天、今天的现实　　B. 理想符合现实才能成为现实
   C. 理想对人生具有指导和促进作用　　D. 理想是人类特有的一种精神现象

3. 有人说:"理想不能当饭吃。"这句话的实质是 （　　）
   A. 理想不等于现实　　B. 实用主义
   C. 看不到理想能产生巨大的精神动力　　D. 颠倒了社会存在与社会意识的关系

4. 当前我国人民的共同理想是指 （　　）

A. 实现小康社会
B. 建立社会主义市场经济
C. 建设中国特色社会主义,把我国建设成为富强、民主、文明、和谐的现代化国家
D. 实现"十一五"计划的宏伟蓝图

5. 有人说:"只爱今天,他不属于未来;只爱明天,他永远悬在空中;只爱昨天,无异于生命停止不前。"这句话说明的道理是   (   )
A. 最高理想与共同理想的辩证关系　　B. 理想与现实的关系
C. 理想与奋斗的辩证关系　　　　　　D. 职业理想与社会理想的关系

二、多项选择题

1. 有位学者说过:"没有忘我的境界,也就没有陈景润的'1+2'。"这表明   (   )
A. 理想的实现需要艰苦奋斗　　　　B. 崇高的理想是人生前进的动力
C. 理想源于现实,高于现实　　　　D. 理想是实现人生价值的助推器

2. 理想就其内容而言有   (   )
A. 生活理想　　　　　　　　　　　B. 职业理想
C. 社会理想　　　　　　　　　　　D. 道德理想

3. 最高理想与共同理想的关系是   (   )
A. 两者是相同的
B. 共同理想是实现最高理想的必经阶段和必要基础
C. 最高理想为共同理想指明根本方向
D. 两者内容不同,没有什么联系

4. 在中华民族的伟大复兴中实现人生理想,这说明   (   )
A. 个人理想应该建立在共同理想的基础上
B. 要把对自我价值的追求与祖国的命运紧密地联系在一起
C. 坚持共同理想,抛弃个人理想
D. 社会理想是其他理想的前提和基础,决定和影响着它们的发展和实现程度

5. 下面关于职业理想的认识正确的是   (   )
A. 职业理想决定社会理想
B. 职业理想直接或间接地体现着社会理想
C. 社会理想决定或制约职业理想
D. 职业理想为生活理想的实现提供了物质前提和基础

三、辨析题(判别正误并说明理由)

1. 一个人只要树立了理想,就能干出一番事业。
2. 知足者常乐,理想只是自讨苦吃。
3. 共同理想是党的理想,和我个人没有关系。

四、简述题

1. 简述理想的含义和特征。
2. 举例说明理想的作用。
3. 如何正确理解理想和现实的关系?

4. 简要说明最高理想和共同理想的关系。
5. 如何理解树立正确的职业理想的重要性？

 探究与实践

　　日本有一个叫作山田本一的马拉松选手曾两次获得过世界马拉松大赛的冠军，当记者问起他成功的经验时，这位内向的选手并没有明确说出答案。但十年后，人们在他的自传中找到了答案。他在自传中是这么说的：起初，我把自己的目标定在40多公里外的那面旗帜上，结果我跑到十几公里时就疲惫不堪了，我被前面那段遥远的路程给吓倒了。后来，我每次比赛前都要乘车把比赛的路线仔细看一遍，并把沿途比较醒目的标志作为目标画下来。比赛开始后，我先朝第一个目标冲，冲过第一个目标后，又朝第二个目标努力。就这样，40多公里的赛程，就被我分解成几个小目标轻松地跑完了。

　　列夫·托尔斯泰说：人要有生活目标，一辈子的目标，一段时期的目标，一个阶段的目标，一年的目标，一个月的目标，一个星期的目标，一天的目标，一个小时的目标，一分钟的目标。

　　请以自己的职业理想为目标，按照"确定目标、分析条件、规划阶段、制定措施"四个步骤进行"职业生涯"设计，然后在班级内组织主题为"我的未来不是梦"的演讲比赛。